LA VERDAD SOBRE EL
AYUNO
INTERMITENTE

Amat Editorial, sello editorial especializado en la publicación de temas que ayudan a que tu vida sea cada día mejor. Con más de 400 títulos en catálogo, ofrece respuestas y soluciones en las temáticas:

- Educación y familia.
- Alimentación y nutrición.
- Salud y bienestar.
- Desarrollo y superación personal.
- Amor y pareja.
- Deporte, fitness y tiempo libre.
- Mente, cuerpo y espíritu.

E-books:

Todos los títulos disponibles en formato digital están en todas las plataformas del mundo de distribución de e-books.

Manténgase informado:

Únase al grupo de personas interesadas en recibir, de forma totalmente gratuita, información periódica, newsletters de nuestras publicaciones y novedades a través del QR:

Dónde seguirnos:

 | @amateditorial

 | Amat Editorial

Nuestro servicio de atención al cliente:

Teléfono: **+34 934 109 793**
E-mail: **info@profiteditorial.com**

LA VERDAD SOBRE EL

AYUNO
INTERMITENTE

OLVÍDATE DE LAS DIETAS Y SÚMATE AL MOVIMIENTO AYUNER

EDGAR BARRIONUEVO

Amat
editorial

© Edgar Barrionuevo, 2021
© Profit Editorial I., S.L., 2021
Amat Editorial es un sello de Profit Editorial I., S.L.
Travessera de Gràcia, 18-20, 6º 2ª. 08021 Barcelona

Diseño de cubierta: Leticia Valcárcel
Maquetación: XicArt

ISBN: 978-84-18114-70-0
Depósito legal: B 6168-2021
Segunda edición: Abril de 2021

Impresión: Gráficas Rey
Impreso en España - *Printed in Spain*

Este libro es para todos los que vivís en continuo aprendizaje de la vida, intentando mejorar y crecer diariamente. Sin duda, os ayudará a conocer a fondo cómo, cuándo y por qué es conveniente el Ayuno Intermitente.

Os animo a seguir adelante y también a cargaros de paciencia para soportar a los que os ponen trabas o que critican a todos los que lo estamos intentando.

❖ ÍNDICE ❖

MÓDULO 4

MÓDULO 5

RECETAS

MÓDULO 6

MÓDULO 7

PRÓLOGO

Tengo el honor de escribir este prólogo y la verdad es que no solo os presento un libro que sé que os encantará, sino que sé que se convertirá en todo un referente sobre el ayuno intermitente. Y es que en la actualidad tenemos muchos personajes públicos hablando de este gran e interesante estilo de vida, aunque a veces lo hacen con poco fundamento. O sea que nada mejor que abordar este apasionante tema de la mano de uno de los mejores especialistas del país, Edgar Barrionuevo.

Para quien no conozca a Edgar, debéis saber que es licenciado en Ciencias de la Actividad Física y el Deporte y profesor de universidad. Cuando yo me inicié en este mundillo, Edgar ya era todo un referente del ayuno, y lo importante es que aún sigue siéndolo, lo que dice mucho de su elevado nivel profesional. Como os digo, yo lo conozco desde hace mucho tiempo, y nunca he dejado de aprender cosas de él.

Pero vamos al lío, que es lo que os interesa. Este libro no es uno más sobre el ayuno intermitente, sino que es la obra REFERENTE sobre este apasionante estilo de vida. Yo lo llevo practicando desde hace muchos años y todo fue gracias a él.

En la actualidad, hay un gran desconocimiento sobre los grandes beneficios que, por ejemplo, puede traernos despertarnos y decir: «Hoy me salto el desayuno, que no tengo tiempo». Y es que, a diferencia de las creencias populares, no va a pasar completamente nada por saltárnoslo, incluso va a ser beneficioso porque encima nos ahorramos hincharnos de azúcares o de grandes cantidades de alimentos ultraprocesados.

Lo cierto es que en el actual panorama de sobre y desinformación, qué mejor que dejarnos guiar por alguien que sabe de lo que habla, que lleva muchísimas horas dando seminarios, ponencias y cursos sobre ello, y que avala con una formación académica y profesional insuperable.

Estoy plenamente convencido de que muchos de los beneficios del ayuno intermitente os van a sorprender, como me sorprendió a mí una de las frases que mi gran amigo me dijo hace ya años: «Àlex, ¿has visto alguna vez lo que hacen los animales cuando están enfermos? No comen, reposan y descansan, y así disminuyen el estrés fisiológico y facilitan la recuperación de ese problema».

Y qué gran razón. Obviamente, la alimentación es fundamental para una buena salud, pero también el no comer puede ser una buena herramienta para mantenernos sanos, ¿no creéis?

Y nada más, os dejo pasar página y que os adentréis en el apasionante estilo de vida del ayuno intermitente. ¡Disfrutad!

ÀLEX YÁÑEZ

1

UNA INTRODUCCIÓN AL AYUNO INTERMITENTE

Vivimos en una sociedad donde reinan los malos hábitos alimenticios. El azúcar, los ultraprocesados, las harinas de mala calidad… Todas estas sustancias se almacenan en las estanterías de los supermercados, pero esa no es la peor noticia. La peor noticia es que estos productos se nos presentan con colores llamativos y sabores adictivos. Dónuts de chocolate, patatas fritas con sabor a jamón, golosinas de colores brillantes…, ¡y cientos más! Estas tentaciones son difíciles de rechazar, sobre todo porque hay que hacer un esfuerzo activo para alimentarse al margen de ellas, y no somos conscientes de que constituyen uno de los principales enemigos de nuestra salud.

Repito: este tipo de comida es un verdadero peligro para nuestra salud. Esta afirmación no es una exageración, ni tampoco me estoy refiriendo a cuestiones estéticas, como ese michelín que nos estropea las fotografías con bañador. Muy al contrario, estoy hablando de manera literal, y con datos avalados por los científicos más prestigiosos. Según datos facilitados por la Organización Mundial de la Salud (OMS), seis de cada diez enfermedades están relacionadas por el modo en que nos alimentamos. Entre los trastornos causados por una alimentación deficiente están la obesidad, la diabetes o el colesterol alto, pero la lista no termina ahí. Una mala alimentación también causa enfermedades cardiovasculares, el sobrepeso daña nuestras articulaciones y el exceso de grasas afecta a nuestra salud emocional.

Ante estos problemas, mucha gente tiene ganas de cambiar de vida, y hace dietas. Sin embargo, estas dietas no están abordando los problemas de fondo de la salud, de modo que las experiencias son decepcionantes. Son muchas las personas que no pierden peso o bien lo recuperan en seguida, de modo que vuelven al punto de inicio, frustrados. En mi academia, he tratado con muchas personas que, después de pasar por esa experiencia, contemplan el ayuno intermitente con desconfianza. Sin embargo, siempre digo lo mismo. El ayuno intermitente no es ninguna dieta, sino una forma distinta de encarar el problema. El objetivo es cambiar nuestro estilo de vida para tener salud y gozar del máximo de energía. Enseguida veremos en qué consiste el ayuno intermitente, pero antes deja que te cuente mi historia.

MI HISTORIA

Ahora puedo decir que llevo una vida sana, con buena alimentación, y me esfuerzo por estar en forma, pero no siempre ha sido así. Hace muchos años, también me sentí mal con mi cuerpo, y desarrollé una fuerte dependencia emocional con la comida. Fue a los catorce años, para ser precisos.

Con mi familia solíamos veranear en un pequeño pueblo de Jaén, de donde eran mis abuelos paternos. Recuerdo con cariño cómo la abuela Tomasa, la matriarca, cocinaba para todos que daba gusto. Demasiado. A los catorce años pasé un verano ahí, y engordé diez kilos. Al volver al colegio, me había convertido en el gordito de la clase. Fui diana de las burlas de mis compañeros, mi entrenador de fútbol me presionaba para recuperar aquel nivel competitivo, y las chicas se fijaban poco o nada en mí. Todo eso me marcó. Tengo grabado un día en que estábamos haciendo un rondo con mis compañeros de equipo. Se trata de colocarte en el centro de un círculo y tienes que interceptar la pelota que tus compañeros se van pasando. Se acercó mi entrenador, y me gritó: «¡Edgar, corre! ¡Que te pesa el culo!» En ese momento, mis compañeros se empezaron a reír a carcajadas. Me sentí fatal. Frustrado, ansioso, sin entender qué me pasaba… Mi única manera de solucionarlo era seguir comiendo. Trataba de calmar esa ansiedad con la comida. Y no comía alimentos saludables, como podéis imaginar.

A medida que subía de peso, bajaba en autoestima. Y entré en un círculo vicioso del que no sabía cómo salir. Entonces no sabía que la despreocupación por mi salud estaba afectando a todas las áreas de mi vida. Me sentía inseguro, me costaba conectar con otras personas, me sentía inferior porque pensaba que no podía hacer muchas de las cosas que quería hacer. En una palabra, me estaba hundiendo. Por suerte, tuve la fuerza de voluntad suficiente para revertir la situación e iniciar mi propio proceso de cambio.

En aquel momento me di cuenta de que tenía recursos internos para generar la transformación que necesitaba hacer, pero también comprendí que necesitaba formarme y conocer a otra gente con las mismas inquietudes. En cuanto llegó el momento, me matriculé en la facultat de Ciencias de la Actividad Física y del Deporte, donde encontré gente inspiradora, como David Moreno. Entonces éramos muy jóvenes, pero también todo unos entusiastas del cuidado del cuerpo, y David pasó una mala época, porque encadenó una serie de lesiones. Yo sabía que era una experiencia dura, porque a los dieciséis años había sufrido un accidente de moto muy grave. Hoy en día es algo de lo que hablamos a menudo, porque ambos lo vivimos como una experiencia transformadora. David se especializó en osteopatía, y yo en nutrición. Entonces ya sabíamos que la formación era algo innegociable, porque debíamos aportar cosas siempre nuevas a nuestros clientes. Al mismo tiempo, descubrimos que la salud de las personas no depende de un único factor, sino que hay que tener una mirada holística, que incluya todos los factores.

Cuando decidí poner en marcha mi primer centro en Castelldefels, David fue una de las personas que se unieron a mí, y juntos hemos profundizado en la Psiconeuroinmunoendocrinologia. Esta teoría justifica desde la bioquímica muchas intuiciones que habíamos tenido, y nos dio el respaldo que necesitábamos para seguir adelante. Nos juntamos con otro compañero, Juan, y fundamos el centro Pure Corpore. Éramos tres chicos jóvenes con toda la ilusión del mundo, y creamos un centro único de entrenamiento integrativo, capaz de aunar muchas disciplinas. Con este espíritu fuimos gestionando el centro y hoy seguimos con la Academia Ayunízate. Al principio la gente no sabía qué era esto del ayuno, y ahora es un gusto ver el impacto que podemos ejercer en las personas. Hoy somos la primera academia *online* especializada en ayuno de habla hispana y hemos dado servicio a miles de personas.

Eso sí, no he dejado de formarme. De hecho, estoy realizando un doctorado para investigar cómo el ayuno puede ser una herramienta para mejorar la salud. Además, esta experiencia me ha permitido publicar seis libros, donde transmito mis conocimientos. Todos ellos han sido reseñados en los mejores medios de prensa, y en los mejores programas de televisión. ¡Y hasta Mercedes Milà ha hablado de ellos en el programa *El Hormiguero*!

COMER CON EL PILOTO AUTOMÁTICO

Gracias a este trabajo, he podido detectar los patrones que a día de hoy están afectando a la sociedad. Empecé a darme cuenta de la importancia que tiene el ayuno terapéutico. Cuanto más sabía sobre cómo funcionaba el cuerpo, más me sorprendía cómo la sociedad estaba generando unos hábitos que eran una auténtica bomba para la salud. Con el tiempo, he ido detectando un patrón al que he llamado CPA, que significa Comer en Piloto Automático. Son conductas inconscientes, que nos han implantado sin que nos demos cuenta. Esto hace que caigamos en las trampas de las dietas, incluso en la referencia de comer cinco veces al día. ¿Dónde está escrito que tengamos que comer cinco veces al día? En realidad, no hay ningún estudio serio que corrobore esta teoría que, simplemente, se ha ido expandiendo por el boca oreja…

Por el contrario, hay muchos datos que nos ponen en alerta sobre la mala alimentación de nuestra sociedad. Según el Centro de Control de Enfermedades (CDC), hay 12,5 millones de niños obesos en todo el mundo. La OMS cifra en 1,46 billones las personas con sobrepeso en el mundo, de las cuales 502 millones considera obesas. En efecto, el mundo se enfrenta a un grave problema de salud, y hay signos en todas partes. Las enfermedades provocadas por la obesidad causan enfermedades cuyo tratamiento sanitario se cifra en 147 billones anuales. Cada año se comercializan 24.000 alimentos con químicos, grasas saturadas, o ingredientes altamente procesados. Unos productos que está más que demostrado que alteran el sueño, y generan estrés y toxinas en nuestro cuerpo. No es extraño que niños con doce años tengan problemas con su presión arterial. Un estudio de *The Lance* refleja que las dietas matan más que el tabaco a nivel mundial. Las tasas de obesidad son escalofriantes.

Algo estamos haciendo mal. El peso de las personas está fuera de control, pero lo podemos solucionar con los alimentos y los complementos adecuados. El cuerpo tiene una increíble facilidad de cuidarse a sí mismo. Cuando pierdes grasa, la posibilidad de una vida más larga aumenta de manera exponencial. El logro de tus metas de salud es solo el comienzo de tu nueva vida. Y el ayuno es una gran herramienta y un gran compañero de viaje.

¿POR QUÉ EL AYUNO? LA RESPUESTA ESTÁ EN LA CIENCIA

Al detectar este patrón de alimentación CPA, mi equipo y yo nos pusimos un objetivo muy claro: que el máximo número de personas salgan del círculo vicioso, que hace que tanta gente enferme y no logre sus objetivos, y no tengan la salud que se merecen. El método más eficaz, y con el que llevo trabajando durante más de diez años junto a mi equipo, con miles de personas, es el ayuno. El ayuno intermitente supondrá un nuevo punto de partida en tu salud. Además de olvidarte de las dietas frustrantes, este estilo de vida tiene muchas otras ventajas. Por ejemplo, una vida más longeva, una mejor salud del cerebro o alejar enfermedades como el cáncer o las dolencias cardiovasculares. Dicho así, suena muy bonito, pero ¿hay alguna evidencia científica? Claro que sí. Vamos a ver algunos ejemplos.

Cuando digo que el ayuno intermitente es una herramienta capaz de cambiarnos la vida, mucha gente —sobre todo esas personas que llevan años haciendo dietas sin alcanzar los resultados prometidos— arquea las cejas, escépticas. Me encanta esa reacción, e incluso la de quien reacciona de mal humor. «¡Esto que dices no es verdad!», protestan, airados. Digo que me encantan estas reacciones porque me permiten ir más al fondo, y explicar con detalle los avances científicos que avalan el ayuno intermitente. A lo largo del libro, explicaremos con detalle qué consecuencias tienen los niveles de insulina en la sangre o la importancia de la capacidad de flexibilidad metabólica en nuestra salud, pero ahora solo quiero traer a colación algunos artículos científicos aparecidos en los últimos años. Desde que la idea del ayuno intermitente empezó a circular, las revistas más prestigiosas publicaron todo tipo de estudios, y ahora empezamos a tener datos más que esperanzadores. Los datos apuntan a que el ayuno intermitente incide positivamente en las enfermedades cardiovasculares, previenen la diabetes, y hacen descender los marcadores del riesgo de envejecimiento, entre otros. Estoy seguro de que, a medida que se estudie con mayor atención, los datos irán confirmando lo que las personas que practicamos el ayuno experimentamos en el día a día.

ALGUNOS ARTÍCULOS DE LOS MÁS INTERESANTES

En octubre de 2017, *Elsevier* publicó un artículo de los doctores Mark P. Mattson, Valter D. Longo y Michelle Harvie donde se estudiaba el impacto del ayuno intermitente en las enfermedades. Estos doctores señalaban cómo los patrones de alimentación de tres comidas o más al día, así como un exceso de comida, llevaban a un metabolismo mórbido, con resistencia a la insulina y acumulación de grasa visceral excesiva, problemas a los que sumaba un estilo de vida sedentaria. También señalaba, y esto es interesante, cómo la escasez de comida obliga a que nuestro organismo se adapte tanto física como cognitivamente. Los estudios de este equipo, realizados con animales de laboratorio, alientan la posibilidad de que este tipo de alimentación sea favorable a la hora de combatir la diabetes, las enfermedades cardiovasculares, los cánceres, el Alzheimer, el Parkinson o los aneurismas. Por supuesto, también asocian el ayuno intermitente al descenso de grasa y de peso, la resistencia a la insulina o los factores de riesgo de enfermedades coronarias.

¿Suena bien, verdad? Pues las buenas noticias no terminan aquí. Todavía hay más estudios que apuntan en la misma dirección. En marzo de 2019 la revista *Nutrients* publicó un trabajo de los doctores Bartosz Malinowksi, Klaudia Zalewska, Anna Wesierska, Maya M. Sokolowska, Maciej Socha, Grzeogrz Liczner, Kataryna Pawla-Osinska y Michal Wicinski. Este interesante artículo se centraba en los efectos del ayuno intermitente en los desórdenes cardiovasculares, y las conclusiones que presentaron vale la pena subrayarlas. Aunque no dejaba de indicar que las personas con problemas de salud debían ser precavidas (algo que siempre decimos desde la academia y recomendamos seguimientos individualizados), señalaba un buen número de ventajas de este tipo de alimentación: previene la hipertensión, detiene la aterosclerosis, mejora la diabetes y reduce la obesidad.

Otro artículo importante es el que publicó en febrero de 2020 la prestigiosa revista *The New England Journal of Medicine* de los doctores Rafael de Cabo y Mark P. Mattson. Estos científicos llegaban a la conclusión de que cada vez hay más pruebas de que, si comemos durante una ventana de seis horas y hacemos un ayuno de dieciocho horas, potenciamos el cambio metabólico, y dejaremos de alimentarnos de glucosa. Como veremos luego con más detalle, de esto se deduce que este tipo de alimentación aumenta la resistencia al estrés, incremente la longevidad y rebaja la incidencia de enfermedades, incluidas el cáncer y la obesidad.

Mi trabajo me apasiona tanto, que no dejo de leer artículos donde se actualiza el conocimiento científico sobre los beneficios del ayuno intermitente. Publicaciones como la *Cambridge University Press* o *Elsevier* están haciendo una gran labor, y dan a conocer los últimos estudios sobre alimentación y ayuno. En un estudio de la *New England Journal of Medicine*, se afirma que los efectos del ayuno intermitente sobre la salud, el envejecimiento y en las enfermedades han dado resultados muy positivos. Otro estudio de *Science Direct* dice que la restricción de calorías y el ayuno intermitente son dos herramientas potenciales para un buen envejecimiento del cerebro. Otro artículo de la *Science Translational Medicine* explica que el ayuno está relacionado con un descenso en los marcadores de riesgo del envejecimiento, la diabetes, el cáncer o las enfermedades cardiovasculares.

¿PREPARADO PARA TRANSFORMARTE? DE GUSANO A MARIPOSA

El peso del mundo está fuera de control, pero lo podemos solucionar con los alimentos y los complementos adecuados. El cuerpo tiene una increíble facilidad de cuidarse a sí mismo. Cuando pierdes grasa, la posibilidad de una vida más larga aumenta de manera exponencial. El logro de tus metas de salud es solo el comienzo de una nueva vida. Y el ayuno es una gran herramienta y un gran compañero de viaje. No escribiría este libro si no hubiera probado esta herramienta no solo en mí, sino en las miles de personas a través de los años que nos han acompañado. En las siguientes páginas, traeré a colación el testimonio de algunas de las personas que han conseguido cambiar de vida gracias al ayuno intermitente. Muchas son gente anónima, pero otras son personas cuyo trabajo las ha hecho muy conocidas. Por ejemplo, la actriz Andrea Duro o la periodista Sandra Barneda...

Cada uno pone énfasis en un aspecto, pero, para empezar, me gustaría recordar las palabras de la escritora y psicóloga Patricia Ramírez. «Comemos mal, comemos por atracones... También es una forma de gestionar mal nuestras emociones. La mayor parte de las dietas saludables fracasan, según mi opinión, no porque las personas no estén de acuerdo con comer un pescado a la plancha con verduras, sino porque aparece de repente una emoción, como el aburrimiento, la frustración o la ansiedad... Cuando comemos con sal y azúcar, nos producen un tremendo bienestar, y olvidamos el daño que nos provocan.» Patricia señala un punto fundamental del ayuno intermitente, y son las ganas de superación para aplicar cosas que tengan propuestas diferentes al ruido que recibimos en cuanto a nuestros hábitos. Voy a ponerlo todo de mi parte, tú solo tienes que poner dos cosas: compromiso y ganas de abrazar el cambio. De modo que mi obsesión será poder facilitarte el camino para que vayas de «tu estado presente» a «tu estado deseado» y te transformes de la forma más directa posible.

En este libro no van a haber clases ni ejercicios innecesarios, ni material de relleno. Todo está estudiado y medido meticulosamente, como en una intervención quirúrgica. Sabemos que tu tiempo es oro y no queremos malgastarlo. Así, pues, me gustaría decirte que si realmente quieres sacarle el máximo partido ve página a página, módulo a módulo. No intentes correr y hacerlo todo de golpe. Si esta no es tu primera experiencia con el ayuno, te invito igualmente a seguir nuestra metodología y a no saltarte ningún paso. Muchas veces olvidamos que conocer y afianzar las bases es imprescindible para luego poner la guinda en el pastel.

El ayuno intermitente no es una dieta, sino un estilo de vida. Así que si estás comprometido con tu salud, este tu libro. Aquí encontrarás estrategias y secretos que harán que salgas de los bucles de dietas mala salud/malos hábitos, y que te transformes de verdad, y que lo hagas de una manera consistente y permanente. Te propongo un cambio para el resto de tu vida. ¿Aceptas?

¿PREPARADO PARA EMPEZAR EL VIAJE?

Imagínate que un día coges un avión de Barcelona a París. Has escogido ventana porque hace un día perfecto y te encanta mirar afuera y ver cómo el avión despega y recorre tu ciudad por los aires. El avión tiene un trayecto que debe seguir con unas coordenadas concretas y marcadas por una hoja de ruta. Todo va bien hasta que, al cabo de 20 minutos, el avión atraviesa los Pirineos y la luz de encima de tu asiento te indica que debes abrocharte el cinturón. Llegan turbulencias, con lo que el avión se tiene que desviar de su rumbo. Esto, de hecho, pasa en la mayor parte de los vuelos. En toda la historia de la aviación hay muy pocos casos en que el avión haya podido salir de A a B sin modificar sus coordenadas estratégicamente preestablecidas. ¿Eso quiere decir que el avión no llegará a su destino? ¿Eso significa que dicha desviación va a repercutir en el tiempo total de vuelo? La respuesta, como sabéis, es rotundamente no. Así que, en este proceso de cambio de vida que empieza ahora, seguro que habrá turbulencias, y vuestro vuelo tendrá que adaptarse a situaciones que ahora no podéis prever. No importa. Solo debéis confiar en este método porque, igual que el avión, os llevará a vuestro destino, que en este caso no es París sino la transformación. De vuestra vida, de vuestro cuerpo y de vuestro estado de ánimo.

2

ENTENDIENDO EL AYUNO INTERMITENTE

¿Estás preparado para empezar el Módulo 2?

Hasta ahora hemos visto que, en un mundo como el nuestro, la alimentación es un peligro, y nos hemos comprometido a transformarnos de gusano en mariposa. Te he explicado cómo fue mi proceso, te he ofrecido datos científicos que sustentan mi experiencia de más de quince años y, lo más importante, te he recordado que este es un trabajo personal. Por más herramientas que ponga a tu alcance, no servirán de nada si no las usas. Y, para ello, es fundamental solo una cosa: el compromiso.

Ahora ha llegado el momento de dar el siguiente paso, y sumergirnos en el ayuno intermitente. Como me gusta decir, el ayuno intermitente no es ninguna dieta, sino un método que tiene que ver con el estilo de vida que quieres llevar. Así, según tu estado y tus objetivos, puedes escoger un tipo de ayuno u otro. En cualquier caso, el concepto del ayuno intermitente es sencillo, pero incluye un par de conceptos básicos que conviene conocer. Se trata de procesos fisiológicos, y serán claves para que la transformación hacia la mariposa sea completa. Veamos en qué consisten.

EL ANTÍDOTO QUE TE HACE MÁS FUERTE

La capacidad de adaptación es esencial en la fisiología humana. Hace algún tiempo, los científicos situábamos el equilibro en la salud de una persona en la homeostasis. Esta es una herramienta que permite que el cuerpo se mantenga en equilibrio, y compense los cambios en su entorno mediante el intercambio de materia y energía con el exterior. Este equilibrio es posible gracias a una serie de mecanismos de autorregulación, como la temperatura o el balance entre la acidez y la alcalinidad (el famoso pH). Este equilibrio también se aplicaba a los niveles de azúcar en la sangre. Hoy en día, este concepto ha perdido fuerza, ya que está matizado por otro que hay que tener muy en cuenta, y que es la capacidad de adaptación o la «hormesis».

¿Qué quiero decir cuando digo *hormesis*? Este es un concepto básico de la fisiología humana. No es sencillo de explicar, pero me voy a esforzar al máximo, porque, si consigo que te quede claro, el resto de la teoría va a ser muy fácil de entender. Y, lo que es más importante, si entiendes la teoría, te será muy fácil avanzar en el ayuno intermitente. Para expresarlo de forma sencilla, nuestro cuerpo tiene la capacidad de adaptarse continuamente a un entorno hostil o incómodo. Pongamos un ejemplo. Se ha demostrado que los alimentos de gusto amargo tienen efectos drenantes sobre el hígado. De hecho, las endivias, alcachofas, rúcula…, se protegen de sus depredadores (normalmente, pequeños insectos que las devoran) mediante estos compuestos.

En el caso del hombre, dicha fuente de hortalizas genera que el hígado tenga que hacer un esfuerzo drenante mayor, y, por lo tanto, requiere que aumente su actividad. En resumen, la escasa porción de veneno que contienen estas hortalizas nos hace más fuertes.

Como este, se podrían encontrar cientos de ejemplos de nuestra alimentación diaria que chochan sobre nuestras vidas sedentarias y excesivamente cómodas. Este tipo de vida tiene, entre otras consecuencias, la de empeorar la capacidad de nuestro cuerpo de adaptarse a situaciones incómodas. Así, debemos buscar maneras de incentivar esta flexibilidad de nuestro cuerpo. Desde luego, en esto es algo que ayuda la actividad física, pero también hay otras estrategias. Por ejemplo, la temperatura interna se regula mejor si nos enfrentamos al frío o al calor, y mantener hasta cierto punto el dolor nos permite tener una respuesta antiinflamatoria más potente y que nos recuperemos antes de una lesión. Igualmente, dejar de comer durante unas horas al día nos ayuda a adaptar nuestro cuerpo. Así que el ayuno intermitente, en definitiva, nos fortalece.

CONTRA LAS IDEAS PRECONCEBIDAS EN LA COMIDA

Sin darnos cuenta, heredamos un montón de conceptos sobre alimentación. Si cerramos los ojos y nos trasladamos a los tiempos de nuestra infancia, podemos escuchar qué nos dicen las personas mayores de nuestro alrededor. A nuestra abuela no le parece nunca bastante lo que comemos (¡ay, las abuelas y sus tentadoras croquetas!), pero la educación nutricional no termina ahí. Nuestra madre nos explicaba lo importante que es comer abundantemente cinco veces al día, y nos alimentaba con productos que ella compraba en el mercado. Carnes rojas, pastas, pan… ¡y para merendar, algún bollo! Incluso podemos habernos encontrado con médicos que, con los conocimientos de la época, nos recomendaban dietas que, por más que nos esforzáramos, no daban resultado. Y estos son solo algunos ejemplos de los mensajes que hemos ido recibiendo a lo largo de la vida. Si seguimos con esta exploración, veremos la cantidad de ideas que nos han llegado desde distintos lugares: amigos, artículos en revistas, programas de televisión, mensajes en las redes sociales… Con el ayuno intermitente, se rompen muchos de estos mitos sin base científica, como la necesidad de comer cinco veces al día. Las personas que empiezan a practicarlo notan los beneficios tan pronto que enseguida se convencen, pero siempre es importante recordar que hay muchos prejuicios en la alimentación, y no debemos tener miedo a romperlos.

EL HAMBRE

Hace un par de años vino a la Academia una chica joven, María, a quien una amiga de la universidad le había recomendado el ayuno intermitente. Desde niña María había tenido sobrepeso y, aunque era una persona sociable y alegre, no se sentía cómoda con su cuerpo. Como me confesó en nuestra entrevista, había intentado varias dietas, pero no había tenido éxito. Sin embargo, sus miedos no terminaban ahí. Por supuesto, no le gustaba nada la idea de añadir otra frustración, pero lo que le daba auténtico pánico era el hambre. «No voy a soportarlo», me dijo, al borde de las lágrimas. El miedo a pasar hambre es muy común, y absolutamente lógico. ¿A quién le gusta pasarlo mal? Por eso mismo, me parece importante detenernos un momento en este punto, y hacer una reflexión sobre el hambre.

Cada vez que una de las personas que viene a la Academia me expresa su miedo a pasar hambre, le contesto lo mismo. El hambre es una sensación que aparece como efecto compensatorio de nuestra rutina alimentaria. Eso quiere decir que, cuanto más comemos, más se abre el apetito. Deja que te ponga un ejemplo. ¿Qué sentido tiene cenar el 25 de diciembre? Después de la copiosa cena de Nochebuena, y de la no menos abundante de Navidad, mucha gente no puede evitar la tentación. Abre la nevera en busca de algunas sobras, se preparan una sopa o aprovechan para atacar los turrones o los polvorones. Y si alguien les pregunta por qué comen, dicen que tienen un poco de hambre. No niego que tengan esa sensación, pero ¿alguien puede pensar que esa sensación de hambre advierte de un peligro de desnutrición? ¿Alguien puede defender que, de no comer, va a morir por inanición? No, por supuesto.

Para entender un fenómeno como el hambre, debemos tener en cuenta que es un mecanismo de alerta que funciona en situaciones de escasez. En cambio, no es tan certero en momentos de abundancia, o de sobreabundancia, como en el que estamos viviendo. Hoy en día, al menos en las zonas más afortunadas del planeta, nos llevamos cualquier alimento a la boca a la mínima que aparece la sensación de apetito. De esta forma, generamos una dependencia a la comida brutal y que, lejos de generar salud, genera adicción y trastornos metabólicos. Dicho esto, es importantísimo que entiendas que debes pasar hambre, de hecho pasar hambre es sano y saludable.

TÉCNICA HEVA

Ahora voy a proponerte un ejercicio para que conozcas la técnica HEVA, con la cual vas a aprender a controlar cuatro aspectos muy importantes del ayuno. ¿Y para qué vamos a hacer este ejercicio? Pues muy sencillo, para ser más conscientes de nuestra sensación de hambre y saciedad, y para conocer el auténtico motor que nos empuja a comer: ¿comemos porque tenemos realmente hambre fisiológica, o bien porque estamos ansiosos, tristes, enfadados, contentos…? Con la técnica HEVA, que vas a ver a continuación, podremos valorar, por ejemplo, si comemos para cubrir emociones o no.

Como te decía, la técnica HEVA sirve para ser muy conscientes de cuatro aspectos fundamentales de nuestro ayuno, que son:

- ❦ Hambre
- ❦ Emoción
- ❦ Velocidad
- ❦ Atención

Vamos a ver la ficha y a comentarla para saber cómo rellenarla, teniendo en cuenta estos cuatro conceptos básicos. Pero ante todo, ¡mucha calma! No se trata de convertirnos en esclavos de esta ficha, ni mucho menos, sino que nos sirva para hacernos reflexionar acerca de cuál es nuestra relación con la comida. Si la puedes rellenar en cada comida principal, perfecto, pero lo más importante es que te sirva para tomar conciencia de tus hábitos alimenticios.

SENSACIÓN		ANTES DE COMER	DESPUÉS DE COMER
0	Mucha hambre. Mareo, falta de energía, desvanecimiento		
1	Dolor intenso en la barriga de vacío. Irritabilidad, dolor de cabeza. Comerías lo que fuera		
2	Sensación de vacío en el estómago. Retortijones y dolores ligeros. Tienes antojos por muchos tipos de comida		
3	Hambre moderada. Se detecta el hambre pero no causa molestias		
4	Inicia el hambre, pero no se detecta inmediatamente		
5	Neutral, ni hambre ni ansiedad. Sensación de comodidad, energía y ligereza		
6	Saciedad moderada. Tengo la sensación de que podría comer más		
7	Satisfecho, sensación de plenitud. He disfrutado de todos los sabores de la comida		
8	Lleno. Ya no disfruto de la comida. Sensación de incomodidad y pesadez		
9	Empacho. Necesitas aflojarte la ropa. No puedes caminar, necesitas seguir sentado por un rato		
10	Sensación de enfermedad. Náuseas, dolor de estómago, etc. Juras que no volverás a comer así		

Velocidad: Rápida / Lenta
Atención: Sí / No
Hambre: Física / Emocional

Para empezar vamos a diferenciar los ítems que corresponden a las sensaciones de antes o después de cada comida. Así, las del 1 al 4 se refieren a nuestro estado antes de comer y, las del 6 hasta el 10, al de después de comer.

¿Qué es lo primero que vamos a hacer? Poner una cruz en la sensación que sintamos antes de comer y después de hacerlo. Esto responde al primero de los ítems de la palabra HEVA, el Hambre, y que responde a la pregunta de cuál es mi nivel de hambre y de saciedad. Vas a ver cómo, a medida que vas avanzando, tu relación con la alimentación se va volviendo más coherente y, por lo tanto, no estás tan influenciado por tu parte emocional a la hora de comer. Y eso lo notarás en las marcas que irás poniendo en la plantilla. La idea es que cada vez vayas desplazándote de los extremos (el 0 o el 10) hasta el centro (el 5), que es el punto en el que te vas a encontrar la mayor parte del día. Personalmente, mi sensación la mayor parte del tiempo de ayuno es la de no tener hambre ni ansiedad, es decir, que me encuentro muy cómodo, tengo mucha energía, me siento ligero… La verdad es que es una gran sensación que quiero compartir contigo.

También es importante, como ves en la ficha de la página anterior, saber reconocer cómo nos encontramos después de comer, porque estas sensaciones las podemos trabajar para ir mejorándolas. Por ejemplo, existe esa falsa idea de «necesito comer para tener energía». Sí, correcto, pero sin pasarse. Imagina que es Navidad y has comido mucho, pero ahora te sientes realmente lleno y apenas puedes moverte. Quieres quedarte un rato más sentado o bien espachurrarte en el sofá, con lo que marcas el punto 9. Pues bien, esa es la energía que tienes después de una gran comilona; tu cuerpo necesita tanta energía para hacer la digestión que el resto del cuerpo apenas puede hacer nada.

Vamos ahora con la V de Velocidad. Lo único que debes hacer es apuntar si tienes la sensación de que has comido lentamente o, por el contrario, demasiado rápido, con avidez. El ritmo con el que comemos se puede definir de una manera más subjetiva, pero podemos tener en cuenta ciertos aspectos que nos ayuden a determinar si lo hacemos demasiado rápido. Generalmente, cuando comemos con rapidez lo hacemos con ansiedad e ingerimos más de lo que tendríamos que comer. Cuando la ansiedad nos puede, estamos cargando continuamente los cubiertos, nos metemos comida en la boca cuando todavía estamos masticando, y no dejamos de observar el plato para ver qué es lo siguiente que vamos a engullir. Esto nos perjudica. ¿Qué es, pues, comer lento? Masticar unas 15 veces o más cada vez, esperar a engullir antes de volver a ponernos alimentos en la boca, comer de manera pausada y relajada, con tranquilidad. Cuando masticas secretas una hormona llamada grelina, que tiene efectos saciantes, así que masticar los alimentos también nos ayuda a saciarnos.

Luego marcaremos si creemos que hemos tenido una ingesta atenta o no: ¿Estamos atentos a lo que comemos?, ¿somos conscientes del acto de comer?, ¿o comemos mientras miramos el móvil o la televisión? Es muy importante realizar una comida presente, viendo lo que estamos ingiriendo y disfrutando de la comida.

Y, por último, vamos a poner sobre el papel si creemos que hemos comido para calmar una emoción o bien de forma real, porque nuestro cuerpo, fisiológicamente, necesitaba comida.

Puedes hacer este ejercicio en cada comida principal durante una semana y después hacer un resumen, una memoria. Y aunque ahora te parezca imposible, vas a ver cómo has ido evolucionando en tu relación con el hambre y la saciedad. Estás en el buen camino, ¡solo hay que seguir!

DIFERENTES TIPOS DE AYUNO INTERMITENTE

En este apartado vamos a ver los diferentes tipos de ayuno intermitente. Verás que hay una gradación: es bueno empezar poco a poco y seguir aumentando las horas de ayuno para que, como si se tratase de un entrenamiento, nuestro metabolismo vaya adaptándose a los cambios que le proponemos. Es decir, que vamos a ir aumentando las horas de ayuno y disminuyendo las de ingesta para que nuestro cuerpo vaya siendo más eficiente a la hora de utilizar la energía de la que dispone durante estos periodos que esté sin comer. Se trata de preparar nuestro metabolismo para que sea cada vez más listo y se apañe con las reservas que tiene almacenadas.

12/12

El primer ayuno que vamos a realizar es el más sencillo. En este caso, y siempre teniendo en cuenta de que hablamos de periodos de 24 horas, tendremos una fase o ventana de ayuno de 12 horas y una fase o ventana de ingesta de 12 horas, también. Esto no quiere decir que podamos estar 12 horas comiendo todo lo que nos apetezca y sin parar. Más adelante ya analizaremos cómo debemos hacerlo.

Este ayuno de 12/12 es relativamente sencillo. Por ejemplo, si terminamos la última ingesta del día a las 21.00, la cena, quiere decir que la próxima comida la podemos hacer a las 9.00 de la mañana del día siguiente. De hecho, seguro que ya lo haces de manera inconsciente, sin saber que estás practicando un ayuno intermitente. Al fin y al cabo, tu cuerpo, tu fisiología, ya lo practica porque escucha sus procesos internos bioquímicos y fisiológicos; el ayuno no es nada extraño o impuesto a nuestro organismo.

Esta primera estructura de ayuno, la más básica, es interesante porque nos ayuda a evitar esas típicas ingestas que a veces hacemos casi de manera automática, por inercia; me refiero, por ejemplo, a lo que comemos cuando nos levantamos pronto para ir a trabajar y no queremos salir de casa con el estómago vacío. Para solucionarlo acabamos ingiriendo cualquier producto procesado, rápido de comer, algo muy accesible y ya preparado, y que suele ser algún alimento lleno de azúcares y harinas refinadas. Con el 12/12 nos saltaremos esta ingesta.

14/10

Aumentamos ya un poquito la fase de ayuno y, por lo tanto, reducimos la de ingesta. Por ejemplo, si terminamos de cenar a las 21.00, volveremos a comer a las 11.00 de la mañana. De este modo profundizamos en todo ese mecanismo a nivel metabólico que se pone en marcha cuando estamos ayunando. En el módulo 3, que trata sobre los beneficios, veréis todo lo que conseguimos con esto. Con el 14/10, eliminamos los desayunos que hacemos tranquilos en casa, con cereales procesados, zumos envasados, cafés con leche… No te preocupes, más tarde te explicaré con detalle qué puedes tomar en cada una de las fases. Ahora simplemente vemos las diferentes estructuras del ayuno.

16/8

Esta fase es, seguramente, la más popular y conocida. En estas 8 horas de ingesta ya nos saltamos una de las comidas principales, normalmente una de los extremos: el desayuno o la cena. Recuerda siempre que cada uno puede montarse el horario según le convenga o le vaya bien. Un par de posibles opciones pueden ser:

Opción 1: comida (13.00) + cena (21.00)
Opción 2: desayuno (8.00) + comida (16.00)

18/6

Seguimos profundizando y pasamos de 8 horas de ingesta a 6, durante las cuales solemos mantener estas dos opciones de estructura expuestas en el 16/8, pero más concentradas para poder ampliar el ayuno. Puedes comer, por ejemplo, a las 15.00 y cenar a las 21.00, o bien tomar el desayuno a las 8.00 y la comida a las 14.00.

AYUNOS PROLONGADOS

Quiero hablaros un poco de los ayunos prolongados, que van más allá del ayuno intermitente.

El primero de ellos es el ayuno de 24 horas. Siguiendo este esquema haríamos tan solo una ingesta a lo largo de un día, 24 horas.

El segundo es el ayuno de 32 o 36 horas. Es decir, que harías la última ingesta, por ejemplo, a las 21.00, estarías todo un día sin comer, y realizarías la siguiente ingesta a las 7.00 o las 9.00 de la mañana del día siguiente. Se trata de ayunos que podemos hacer de forma puntual, como entrada a los ayunos prolongados, ya que tienen otros objetivos, otras motivaciones, y que provocan otros cambios, beneficios y efectos, que también resultan muy interesantes. Sin embargo, lo más importante es que ahora empieces a poner en práctica los ayunos intermitentes, que son los que variarán tu estilo de vida y que podrás aplicar en tu día a día.

(3)

LOS 9 BENEFICIOS

INTRODUCCIÓN

Lo que más destacaría del ayuno intermitente es que, con lo sencillo que es implementarlo en nuestro estilo de vida, aporta muchos y muy buenos beneficios. Y es que, al contrario de otras terapias o incluso dietas, en las que tienes que estar pensando continuamente qué comes, cómo lo comes, cómo lo vas a preparar…, con el ayuno todo es súper fácil: tan solo tienes que ampliar esas horas de fase de ayuno para que vayan llamando a tu puerta una serie de beneficios increíbles.

Conocer y entender lo que pasa en nuestro organismo mientras hacemos el ayuno nos proporciona una focalización, una seguridad y un convencimiento muy alto en lo que estamos haciendo. Y esto, en sí mismo, tiene un efecto terapéutico muy potente. Así que mi misión en este capítulo es que seas consciente de qué manera va a beneficiarte el ayuno intermitente, porque cuando veas y entiendas lo que hace dentro de tu organismo, tanto a nivel físico como mental, vas a preguntarte: ¿por qué no me había puesto antes manos a la obra?

Recuerda: el ayuno...
- 🦋 es una práctica muy fácil de llevar a cabo;
- 🦋 es tremendamente potente y eficaz;
- 🦋 es aplicable en cualquier estilo de vida;
- 🦋 es prácticamente gratis;
- 🦋 es una forma directa y eficaz de superar esa trayectoria vital en la que llevamos tantos años instalados, preocupados como estamos por nuestra alimentación;
- 🦋 y, sobre todo, nos permite ganar tiempo para muchísimas otras cosas.

BENEFICIO 1. PIERDE PESO

La pérdida de peso es algo muy relevante en el abordaje terapéutico del ayuno intermitente. Sin embargo, aunque no nos planteamos el ayuno como una herramienta para adelgazar, es verdad que es una estrategia muy potente para perder peso de forma colateral.

Una de las causas por las que a día de hoy almacenamos grasa y no adelgazamos suele ser porque tenemos un estilo de vida con el que vamos haciendo picos de insulina muy altos. La insulina puede subir por el estrés, la mala alimentación, la inflamación de algún órgano como el páncreas... Cuando nuestro cuerpo presenta resistencia a la insulina, nos lanza señales de alerta que, si sabemos interpretar, son muy claras. Uno de las señales más fáciles de distinguir es la acumulación de grasa en el abdomen. Los famosos michelines. Pero hay otras. Por ejemplo, puntitos rojos que aparecen en la zona del tríceps del brazo o la piel de los talones, que se reseca hasta el punto de que hay que limarla cada dos por tres… Y estos son los síntomas físicos, pero también hay los psicológicos. Porque la resistencia a la insulina también hace que nos apetezca comer cosas dulces y, al mismo tiempo, nos sintamos constantemente hambrientos. Cuando acumulamos todos estos síntomas, además, descubrimos que nuestro cuerpo no responde a nuestros intentos para adelgazar con dietas.

La insulina es una hormona que tiene como función regular los niveles de glucosa en nuestra sangre y, si no es eficiente, los niveles de insulina se quedan altos. De este modo, nuestra sangre tiene un exceso tanto de azúcar como de insulina. Estos índices altos no son una mera indicación, sino que tienen consecuencias graves en nuestra salud, y se manifiestan en forma de trastornos. Cambian tu metabolismo, te impiden extraer el máximo rendimiento a tu energía e impiden también que tu cuerpo use las grasas, de modo que se acumulan y modifican tu composición corporal.

Nuestro estilo de vida sedentario, y nuestra dieta descuidada, hacen que las células de nuestro cuerpo se vuelvan resistentes a la insulina. Veamos cómo. El cuerpo acumula un exceso de grasa corporal. Esto es lo que hace que engordemos y tengamos esos michelines que odiamos, pero eso no es más que la punta del iceberg. Lo que de verdad nos tendría que preocupar es lo que hay detrás. No tenemos que pensar en la grasa como algo que nos molesta, sino como un órgano más de nuestro cuerpo. Este órgano llamado *grasa* produce unas sustancias que, cuando se acumulan más allá de lo saludable, producen una inflamación, una serie de moléculas, llamadas *citoquinas*, que tienen la capacidad de entorpecer el funcionamiento de nuestras células. Entonces, se desprenden de la grasa y viajan por todo nuestro cuerpo, de modo que impiden que nuestras células desarrollen sus funciones normales. Entre otras cosas, impiden que las células usen el azúcar que les ofrece la insulina, así que los niveles de glucosa en nuestra sangre descienden. Dicho de otro modo, cuando el exceso de grasa crea una inflamación, la insulina no consigue que descienda la glucosa. Y el exceso de glucosa produce más grasa.

Así es como el sedentarismo y las dietas altas en hidratos de carbono producen un bucle fatal. Los hidratos de carbono producen más grasa. El aumento de grasa produce inflamación y, por lo tanto, más resistencia a la insulina. Así, aumenta la cantidad de grasa. Y al aumentar la cantidad de grasa, aumenta la inflamación… Etcétera, etcétera. La bola de nieve cada vez se va haciendo más grande y, al final, acaba convertida en un alud imparable. Porque hay que tener en cuenta que la resistencia a la insulina es la prediabetes. Si lo extendemos mucho en el tiempo, el páncreas (el órgano que produce insulina) empieza a fallar, porque lo hemos forzado mucho. Y cuando este falla, nos diagnostican la diabetes.

No hay otra solución que evitar los alimentos que nos producen estos picos de insulina y que, básicamente, son los que contienen un elevado grado de azúcar. Hay que tener en cuenta que el ser humano nunca ha ingerido tanto azúcar a lo largo de la historia, así que nos haremos un favor si cambiamos estos alimentos por grasas de buena calidad.

La insulina alta es una hormona de almacenamiento que hace que estemos en una situación perfecta para ir acumulando grasa. Así que al trabajar esa desinflamación conseguiremos que nuestro cuerpo sea más sensible a la insulina, esta descienda más y que las moléculas de glucosa también lo hagan, con lo que no estaremos en una situación de tanto almacenamiento de grasa y en nuestras células tendremos un aumento de la flexibilidad metabólica, la cual hará que seamos más eficientes consumiendo nuestra propia reserva de grasa: la grasa va a quemarse más en la célula y nuestro peso va a bajar. Pero va a bajar de grasa y gracias a la salud de nuestras células.

El ayuno, en definitiva, provoca que dicha inflamación baje, que los niveles de insulina no tengan tantos picos y que vayamos trabajando la mejora de la flexibilidad metabólica y quemando más grasas.

Así, puesto que cada vez que ingerimos alimentos activamos la insulina, si al organismo le damos un espacio de tiempo sin insulina, esta bajará y la inflamación irá desapareciendo. El ayuno y la dieta —y también el ejercicio físico— promueven, ni más ni menos, el movimiento de grasas, que las puertas de casa se abran para que la glucosa y la insulina entren de forma fácil.

No hay ningún secreto: es de este modo que los duendecillos del ayuno ayudan a la quema de grasa. Pero recuerda que este no es nuestro objetivo. El ayuno intermitente actúa sobre nuestra salud y no hace falta que tengas sobrepeso para hacerlo.

Sin embargo, en el caso de que necesites perder peso, esta herramienta también será fundamental, porque en un estado de salud óptimo necesitamos bajar ese contenido de grasa corporal, que es nocivo para nuestro organismo.

LA OMS Y EL AZÚCAR

Un dato nos ayudará a entender hasta qué punto estamos abusando del azúcar en nuestra sociedad. La Organización Mundial de la Salud ha establecido que la cantidad máxima de azúcar que debemos consumir por persona y día son 25 gramos. Es decir, una cantidad que equivale a seis cucharaditas de café. Pero ¡atención!, este es el azúcar total al cabo del día, incluidos todos los alimentos. Por supuesto, la bollería industrial, las harinas refinadas, los pasteles... Pero también las verduras, los cereales, los tubérculos... Porque hay que recordar que todos los alimentos, aunque sea poco, tienen algo azúcar. Pues si la OMS recomienda 25 gramos de azúcar al día, lo cierto es que la media actual en España es de casi ¡200 gramos! Por lo tanto, debemos dejar de comer tanto azúcar. Una cosa es una ingesta puntual con dulces, en los festejos, por ejemplo, pero en el día a día es primordial dejarlo a un lado para proteger nuestra salud.

Hay otra manera para saber cómo tienes estos niveles de insulina en tu cuerpo. Son las analíticas de sangre. No te fíes de los niveles de glucemia, porque puedes ver que estos niveles están dentro de los márgenes que nos dan los laboratorios. Mira la glucosa y observa si estás dentro de los márgenes, entre 80 y 105. Si estás en 105, estás bien. Seguramente, si le pides a tu médico que te mire no solo la glucosa sino la insulina, vas a comprobar que tu cuerpo, para mantener estos niveles de glucosa, va a estar produciendo más insulina de la necesaria, con lo que los niveles de insulina estarán muy por encima de lo razonable.

BENEFICIO 2. DESINFLAMACIÓN

Como vas a ver, todo se reduce a una cuestión de comunicación. Pero vayamos por partes. Cuando hablo de inflamación, no me refiero únicamente a la inflamación por retención de líquidos o a cuando nuestro cuerpo acumula un volumen de edema, es decir, de líquido interno que se acumula debajo de la piel por la falta de capacidad que tiene el organismo de reciclar y renovar ese líquido. No; me refiero, sobre todo, a la inflamación a nivel celular.

Imagina una célula; la unidad básica de todos y cada uno de los tejidos de nuestro cuerpo (los tejidos pueden ser nervios, músculos, grasa…). Imagina el tejido del hígado, por ejemplo; está formado por millones de células hepáticas que forman ese órgano. Las células, que están flotando en un líquido (la sangre), son como una esponja en una bañera llena de agua: van absorbiendo y absorbiendo. Así funciona el hígado, pues, que se empapa de sangre. Y ¿qué hay en la sangre? Hormonas, nutrientes (energía, minerales, cargas positivas, negativas…), etc., que interactúan con nuestra célula, sobre todo con su parte externa, la membrana. La membrana celular es clave en nuestra salud, porque nuestra salud depende de la actividad y calidad de las células: si no funcionan bien, vas a estar bajo de energía, cogerás peso, enfermedades, te faltará vitalidad, tu sistema inmune será incapaz de solventar infecciones, etc. La membrana es, por tanto, quien comunica el interior de la célula con las hormonas, los nutrientes, etc. Cuando las células están bien, hay una buena comunicación entre el exterior y el interior. Quiere decir que la energía puede entrar bien en la célula y que las hormonas se pueden enganchar bien a los receptores para hablarle a la célula. Y es que las hormonas son como mensajeros: llevan un mensaje a la membrana para que llegue al interior de la célula. Como decía, todo se reduce a una cuestión de comunicación. Si todo esto funciona bien, todo fluye: no nos cuesta adelgazar, tenemos energía, nos apetece hacer ejercicio físico, nos levantamos con vitalidad…

Pero cuando no cuidamos bien a nuestro cuerpo (por estrés, hábitos tóxicos, mala alimentación, falta de ejercicio o de sueño…) se genera un entorno inflamatorio, una serie de sustancias que también están en nuestra sangre y que lo que hacen es afectar a la membrana, inflamándola, con lo que los nutrientes, las hormonas, la energía… no tienen una buena manera de entrar y enviar sus mensajes y, en consecuencia, la célula empieza a bajar su rendimiento.

El ayuno intermitente pone en marcha mecanismos que ayudan a eliminar y reducir estas sustancias inflamatorias. Con esto conseguimos que nuestra membrana no vaya acumulando dicha inflamación y así las células puedan actuar y tener una buena salud y un rendimiento óptimo. Y eso, en nosotros, se traduce en que tenemos más vitalidad, descansamos mejor, nos vemos con ganas de hacer ejercicio y salimos del círculo vicioso de la inflamación para entrar en el círculo virtuoso del ayuno.

Recuerda siempre que todo empieza en las células, que son las que gobiernan nuestra salud. Con el ayuno intermitente trabajamos a nivel celular, desde la base, para desinflamarlas y sentirnos mucho mejor.

BENEFICIO 3. ENVEJECIMIENTO

El proceso para ralentizar el envejecimiento se conoce de manera popular como *antiaging*, pero a mí me gusta más hablar de *proaging*, porque no hay que ir en contra del envejecimiento, ni mucho menos. ¡Todos tenemos que envejecer! Simplemente, tenemos que hacerlo con la mejor salud posible.

En este sentido, el ayuno se ha convertido en una gran herramienta para mejorar nuestro proceso de envejecimiento. Y es gracias a un concepto del que te voy a hablar en el beneficio 5, la autofagia. De momento, te dejo este titular: a más autofagia, mejor y más constante regeneración de tu organismo, con lo que tu envejecimiento será de mucha más calidad. Y es que hay estudios en los que se ha visto que las personas con más longevidad son personas que tienen en común el haber practicado en su vida periodos de ayuno y que no se han excedido con la ingesta de calorías. Sabemos ya que las grandes comilonas y comer de forma obsesiva nos oxida mucho; el sistema digestivo es clave para muchas funciones y, por lo tanto, necesita mucha energía. Pero cuando hacemos una comida copiosa necesitamos grandes recursos oxidativos para reciclar toda esa cantidad de comida, con lo que generamos muchos más radicales libres, nos oxidamos profusamente y esto agrede mucho más a la membrana de la célula, lo que provoca que la recreación de estas células, que se van regenerando de madre a hija, sea de menor calidad en cada copia.

En definitiva, volveremos a ello más adelante, pero ten presente que con la autofagia hacemos descansar el organismo, desgastamos menos nuestro cuerpo y hacemos que nuestro proceso de envejecimiento sea de mejor calidad.

BENEFICIO 4. FLEXIBILIDAD METABÓLICA Y CETOSIS

Otro de los grandes beneficios es la flexibilidad metabólica y la adaptación a la cetosis o los cuerpos cetónicos.

Vayamos por partes. Lo primero que tenemos que preguntarnos es: ¿Qué es el metabolismo? Es la forma en la que nuestro cuerpo obtiene la energía. Desde un punto de vista fisiológico tenemos que entender que la energía se produce en las células, que ya hemos visto que forman todos los órganos y tejidos de nuestro cuerpo. Para producir esta energía nuestras células necesitan su gasolina particular, que normalmente viene de dos materias primas: la glucosa y la grasa, que tienen que cruzar la membrana para entrar en la célula.

Llegados a este punto, nos preguntamos: ¿Qué es la flexibilidad metabólica? Es la capacidad que tu cuerpo tiene para utilizar y obtener energía tanto a partir de la glucosa como de la grasa. El tema es si, constantemente, a través de la alimentación, le estás dando a tu organismo alimentos ricos en hidratos de carbono y azúcares (sobre todo los que tienen azúcares rápidos, como las harinas refinadas, el azúcar, los dulces, la pasta, la bollería, el alcohol, los zumos o los tubérculos). Si es así, entonces tu cuerpo va a utilizar esta energía de forma constante. Es decir, que si siempre tiene gasolina porque se la vas dando, nunca irá a buscar la grasa como fuente de energía, con la consecuencia de que la grasa se va a ir acumulando en tu cuerpo porque el organismo la va a almacenar como reserva. Pero cuando se acumula en exceso, sobre todo en la zona central del cuerpo, tiene una alta capacidad de ser inflamatoria, cosa que acaba afectando a la membrana de la célula, como hemos visto antes.

Entonces, ¿qué necesitas? Flexibilidad metabólica, porque es importante que tu grasa se recicle. Piensa que para que la grasa no sea perjudicial para nuestra salud, debería ser como el agua de un manantial, que es pura, limpia, llena de vida y que se renueva constantemente. Nuestra obligación, pues, es poner el cuerpo en situaciones en que deba buscar estas reservas de grasa. Pero ¿qué pasa? Pues que en la actualidad hay un gran problema, y es que la manera en la que nos han educado en el aspecto alimentario, con cinco comidas al día y con los alimentos que nos ofrecen (con muchos azúcares), hace que el cuerpo constantemente use el azúcar.

Cuando tu cuerpo reclama que tiene hambre, si tú reaccionas de inmediato dándole azúcar, volvemos a las andadas, porque tu cuerpo es muy listo y piensa «mira, cada vez que le pido, me da». Si tú convives con esta situación de hambre y la sostienes, sin que te perjudique, porque la irás entrenando, vas a abrir un almacén que está lleno de energía para ti: el almacén de grasa.

Cuando estamos sin comer unas horas, nos sentimos mal. ¿A qué es debida esta sensación? A la poca flexibilidad metabólica. No estás entrenando la tubería por donde vienen las grasas. Con el ayuno provocas que tu cuerpo tenga que buscar la energía en otro lugar, en la grasa. Y la tubería por donde la grasa llega a la célula, que estaba oxidada, porque nunca la utilizabas, poco a poco va a ser más eficiente, más flexible. Esa es la flexibilidad metabólica: la capacidad de que el cuerpo aprenda a ser eficiente utilizando las grasas. Tenemos un gran depósito de energía, solo hay que abrirlo.

Las grasas, cuando se empiezan a utilizar y a degradar, se acaban convirtiendo en **cuerpos cetónicos**. Estos cuerpos son los que genera el cuerpo durante el ayuno para aprender a utilizar la grasa y los ácidos grasos como energía; y, si profundizamos en la utilización de esos depósitos y además tenemos un aporte reducido de moléculas de glucosa, podremos empezar a generar procesos de cetosis: cuando el cuerpo necesita más energía y no hay los niveles suficientes de glucosa, degradamos todavía más grasa de nuestro organismo y producimos cuerpos cetónicos. A medida que el proceso vaya repitiéndose y avanzando, nuestras células van a ir aprendiendo a utilizar dichos cuerpos.

De hecho, hay muchos tejidos de nuestro cuerpo que hasta el día de hoy se pensaba que no podían utilizar esos cuerpos cetónicos, como el cerebro, pero que actualmente y mediante entrenamiento metabólico, pueden usar.

BENEFICIO 5. RENUEVA TU ORGANISMO (AUTOFAGIA)

La autofagia es quizás el beneficio más contundente del ayuno, y ha sido demostrado científicamente. La palabra *autofagia* viene del griego: *auto*, 'uno mismo', y *phagos*, 'comer'. O sea, que significaría algo así como comerse a uno mismo.

Fue el científico belga Christian de Duve quien acuñó el término *autofagia* en los años cincuenta. Ganaría el Nobel de Medicina dos décadas más tarde por el descubrimiento de los lisosomas, de los que te hablaré enseguida. Y en 2016 el japonés Yoshinori Ohsumi ganó también el Nobel de Medicina con el descubrimiento de los mecanismos de la autofagia, el sistema de reciclaje del organismo. Como te decía, los lisosomas son orgánulos que se encargan de la digestión celular y permiten reciclar sustancias que pueden ser potencialmente peligrosas para nuestra salud (algunas bacterias, virus, células dañadas, proteínas mal plegadas...) y convertirlas en beneficiosas para nuestro organismo.

Pero ¿qué tiene que ver esto con el ayuno? Se ha visto que, en el ayuno, los procesos de restricción calórica en nuestro organismo estimulan mucho la puesta en marcha de la autofagia. Durante muchos años se venía hablando del ayuno como una terapia de renovación, que ayudaba a nuestro organismo a evitar un deterioro mayor y a tener un mejor reciclaje. Pues aquí está la respuesta a todas esas suposiciones: la autofagia, que se ha demostrado como un mecanismo de salud súper potente.

En definitiva, gracias al ayuno estamos dando a nuestro cuerpo, cada día, periodos en los que la autofagia puede ser más activa, la estamos acelerando, y esto ayuda a que nuestras células también funcionen mejor.

BENEFICIO 6. SIÉNTETE ÁGIL MENTALMENTE (LA SALUD MENTAL)

Todas las personas que practicamos el ayuno tenemos, al menos, una cosa en común: nos sentimos con una gran agilidad, rapidez y agudeza mental. Todos coincidimos en eso. Y ello tiene una explicación puramente fisiológica.

Nuestro cerebro, que es el gran motor de nuestro funcionamiento, actúa como el rey en una partida de ajedrez. Si se cae, la partida se acaba. Como, normalmente, nuestro cerebro está acostumbrado a comer glucosa de forma continua, y me refiero sobre todo a los alimentos procesados, nuestra mente empieza a generar ciertos procesos adictivos al azúcar. El cerebro, por tanto, se acostumbra a que nuestros niveles de glucosa sean altos. Con eso no quiero decir que la glucosa sea mala, de hecho es el principal sustrato de nuestro cerebro; el problema, sin embargo, aparece cuando nuestra alimentación tan rica en azúcares provoca que los niveles de glucosa se mantengan siempre altos y, por tanto, el cerebro se haya acostumbrado y acomodado a ello. En estas circunstancias, nada aconsejables, desaprovechamos un rendimiento importante, ya que el cerebro, al no iniciar los procesos de quema de grasas, omite y no usa los cuerpos cetónicos.

Con la experiencia nos hemos dado cuenta de que al empezar las primeras fases de ayuno e iniciar la producción de cuerpos cetónicos, hay unas células que se adaptan más rápido a dichos cuerpos; es el caso, por ejemplo, de las células de los músculos. Sin embargo, a las células del cerebro les cuesta más adaptarse a ello y, por ese motivo, necesitan más entrenamiento.

De hecho, cuando empiezas a hacer ayuno es muy normal que puedas notar ciertas sensaciones extrañas. Que sepas que no pasa nada, es normal. Piensa que estás empezando a darle a tu cerebro ese sustrato, esa energía, al que no estaba para nada acostumbrado. Hasta que no pase un tiempo puedes notar ciertos síntomas del ayuno, las llamadas crisis cetogénicas. Si notas que en esta primera fase de ayuno tu energía es fluctuante, que tus movimientos son un poco lentos, que notas cierto agotamiento mental, o que te duele la cabeza, eso significa que todavía no estás adaptado al ayuno, que tienes poca flexibilidad metabólica, con lo que vas a necesitar más entrenamiento e ir trabajando de forma más progresiva, más suave, y no de una manera tan reactiva.

Pero una vez el cerebro supere estos primeros pasos y se adapte a utilizar los cuerpos cetónicos para obtener energía, verás cómo el cambio es espectacular: tendrás más agilidad mental, más lucidez, más concentración e, incluso, un mejor humor. Con un cerebro funcionando a tope, todo rinde a toda máquina. ¡Entrena y llegarás a todo ello!

BENEFICIO 7. SISTEMA DIGESTIVO

El sistema digestivo es clave para el buen funcionamiento de nuestro organismo. Su importancia ya empieza en la boca, donde mezclamos lo que comemos con la saliva, en la que hay unas sustancias (encinas) que van disolviendo los alimentos para que cuando lleguen al estómago, y con la ayuda del ácido clorhídrico, se puedan mezclar bien para que todo eso pase al intestino de una forma muy diluida y podamos absorber los nutrientes que había en ese alimento. Una vez absorbidos esos nutrientes, tu cuerpo los envía a todos los rincones de tu organismo para cubrir todas sus necesidades y activar las funciones de las células. En definitiva, es un órgano tan primordial que necesita descanso y no estar trabajando constantemente.

Y es que en el intestino suceden cosas realmente muy interesantes. Por ejemplo: el 80% de nuestras defensas, de nuestro sistema inmune, está en nuestro intestino. Además, es allí donde se produce entre el 80 y el 90% de algunas hormonas y neurotransmisores, como la serotonina o la dopamina, y donde viven unos tres trillones de bacterias diferentes que tienen funciones esenciales para nuestra vida. Las bacterias producen energía, nos ayudan en el equilibrio del sistema inmune, producen sustancias que son sustrato para la propia regeneración del sistema digestivo, ayudan con el equilibrio hormonal… Son esenciales, en definitiva.

Así, cuando hacemos ayuno intermitente y le damos a nuestro intestino, a esas bacterias y a todo lo que está ahí trabajando como si se tratara de un reloj suizo, un descanso, entonces, decía, el intestino es capaz de poner en marcha un mecanismo llamado MMC (Complejo Motor Migratorio), del que, más que su nombre, nos interesa lo que hace este movimiento. Hasta el día de hoy se ha hablado mucho de los movimientos peristálticos de nuestro intestino, sobre todo del colon, es decir, aquellos movimientos ondulantes que estimulan que la materia fecal sea expulsada de nuestro organismo. El MMC, por su parte, está más presente en el intestino delgado, esa suerte de tubo que tiene de 7 a 9 metros, dependiendo de cada persona. Pero ¿qué es lo que hace el MMC? Este movimiento pone en marcha un mecanismo de arrastre de todos los deshechos metabólicos y los residuos que se han producido durante los procesos de digestión, los cuales pueden ir generando una sobreactividad y nos pueden debilitar. Cuando estamos mal del sistema digestivo, nuestra energía baja en picado porque el intestino, que ya hemos visto que controla una gran cantidad de funciones, está mal y tu cuerpo pierde por ese escape mucha energía.

Con el ayuno intermitente, sin embargo, vas a experimentar justo todo lo contrario. Tal como se ha descrito en la literatura científica, el MMC se pone especialmente en marcha a partir de las ocho o diez horas después de haber comido. Es lógico, pues, que si ponemos en práctica nuestro ayuno, nuestro cuerpo se va a beneficiar de ello y obtendrá grandes beneficios digestivos. Así lo notamos todos los ayunantes. Lo que no es normal es tener ese órgano continuamente trabajando a marchas forzadas, porque la digestión necesita mucha energía. Gracias al ayuno invertiremos ese cambio energético debido al descanso que le vamos a dar al sistema digestivo, y toda esa energía sobrante la podremos aprovechar para otros factores de nuestra vida.

BENEFICIO 8. DETOX

Seguramente has oído hablar de las dietas o las terapias detox. Pues bien, ¿qué es un detox o la detoxificación? Para explicarlo necesitamos hablar, sobre todo, del órgano que detoxifica, es decir, que depura nuestro cuerpo, que no es otro que el hígado. Nuestro hígado tiene la función de eliminar del cuerpo aquellas sustancias dañinas o que ya hemos utilizado y que ahora solo nos pueden perjudicar.

Cuando comemos, todos los alimentos son absorbidos a través de la sangre, y, a través de una gran arteria, todo eso que hemos comido y que es absorbido por los intestinos va a parar al hígado. Pues bien, una vez allí, el hígado lo recicla todo para poder expulsarlo. Esto se hace en dos fases de la depuración hepática.

Por otro lado, debemos tener presente que también todo lo que entra a través de nuestra piel, como las cremas que nos ponemos o el tipo de contacto que tenemos con el medio ambiente, es decir, todo a lo que estemos expuestos, va a pasar, como los alimentos, a través de nuestro hígado para que este lo detoxifique. Una vez el hígado ha manipulado esas sustancias para poder expulsarlas, utiliza dos vías de evacuación: la excreción renal, a través de los riñones, y la intestinal, a través del colon. Si todo este mecanismo funciona, iremos depurándonos de todas aquellas sustancias que hayamos ido acumulando y que necesitemos eliminar. Es importante que comprendas que en el cuerpo todo está relacionado, y que existe un gran eje entre hígado, sistema digestivo y sistema renal, que se relaciona, y si uno de estos órganos está sobresaturado (como, por ejemplo, el intestino cuando comemos en exceso), esto también va a traer un exceso de trabajo y saturación a los otros dos órganos y viceversa.

No podemos obviar, en este apartado, otro concepto importante: el de la grasa. Nuestro cuerpo, para la grasa, es como un almacén; acumula toxinas que todo este proceso no ha podido depurar. Esto también les pasa a los animales. Por eso cuando comemos alimentos ricos en grasa animal, y que normalmente son animales muy procesados, industrializados y que viven en condiciones en que acumulan muchos tóxicos, almacenamos mucha grasa. Cuando ayunamos, movilizamos grasas porque aumentamos la flexibilidad metabólica y perdemos peso. En este caso, muchas toxinas se desplazan a la sangre y viajan, en un torrente circulatorio, hasta nuestro hígado, que otra vez hace el proceso de reciclaje para expulsarlas a través de los riñones; también existe la posibilidad de que estas toxinas lleguen a los intestinos y las expulsemos a través de nuestro órgano excretor, junto con las heces.

En definitiva, por un lado con el ayuno movilizamos y reciclamos constantemente grasa, con lo que vamos a minorar y depurar las posibles acumulaciones de toxinas en nuestra grasa.

Y, por el otro, damos un descanso a todo este sistema digestivo, con lo que el trabajo que pasa del intestino al hígado disminuye y ayuda a que el hígado esté más relajado. Además, como he dicho antes, el hígado se preocupa de depurar otras sustancias más allá de las que entran con la comida, como las hormonas. Por ejemplo, imaginemos que estamos estresados. Tenemos las hormonas del estrés por las nubes y nuestro hígado está colapsado por exceso de alimentación, de grasa, de hábitos tóxicos; lo que va a pasar es que las hormonas del estrés no se podrán gestionar bien y el resultado no nos será nada favorable: habrá gente que con el estrés enferme, o le pique la piel, o noten que su energía baja mucho… El ayuno, por tanto, nos permite descargar de trabajo el hígado y también que los tóxicos que estaban en nuestro cuerpo vayan siendo eliminados de nuestro organismo.

> El ayuno es excelente para personas con el hígado graso o semigraso porque gracias a este método el propio órgano es capaz de utilizar grasa que se ha ido almacenando en el hígado (sobre todo triglicéridos) e ir disminuyéndola.

BENEFICIO 9. RELACIÓN EMOCIONAL CON LA COMIDA

Me gustaría terminar este capítulo con uno de los grandes retos con el que nos encontramos ante los cambios de hábitos: la relación emocional con la comida. Tengo muchos pacientes que tienen severas dificultades a la hora de realizar un cambio en sus hábitos alimenticios; saben perfectamente en qué consiste una alimentación saludable y qué alimentos toman que dañan a su salud, pero, aun así, les cuesta superar esas conductas nocivas para su organismo. Y esto pasa porque con la comida existe una relación muy adictiva, una dependencia emocional muy fuerte: el círculo de recompensa se activa de manera muy potente a través de la comida. Vamos a verlo.

Todos los seres vivos tenemos, en el cerebro, la señalización del placer y del dolor, y todos, en nuestro sano juicio, intentamos huir del dolor para acercarnos al placer. Quien produce esta sensación de placer, bienestar y confort son unos neurotransmisores llamados *dopamina*. Todos somos adictos a la dopamina, si me permites la exageración. Pero sí que es cierto que en el fondo todos buscamos sentirnos bien, ya sea con nuestras relaciones, con el trabajo, etc. Cuando generamos dopamina, esta llega al cerebro y nos da esa sensación de bienestar. Así, cada uno se sirve de sus propios mecanismos para producirla; hay gente que necesita sensaciones muy fuertes, como tirarse en paracaídas de un avión o practicar deportes extremos. Otros necesitan estar en contacto con la naturaleza o con sus personas queridas (eso ya les vale). Y hay otras personas que producen dopamina a través de la comida. Y lo curioso, en este caso, es que los alimentos que producen más dopamina son los que provocan más daño en nuestro organismo. Llevo ya un buen puñado de años trabajando con muchísimas personas distintas y no he tenido ni un solo caso de alguien que me haya dicho: «Tengo una adicción muy grande a las zanahorias, o al brócoli». En cambio, he visto innombrables adicciones al chocolate, el alcohol, los quesos, el azúcar, las harinas… Las personas creamos esa necesidad constante de consumir estos alimentos y es, precisamente, en esa necesidad constante de ser ingeridos que dichos alimentos van a ir generando un daño en nuestro organismo.

Pero ¿qué tiene que ver en todo esto el ayuno? ¡Muchísimo! Te encuentras ante una gran oportunidad para aprender, porque cuando dedicamos grandes prolongaciones de tiempo sin dar al organismo este activador, esto hace que nuestro cuerpo vaya relajando toda esa situación de demanda. La adicción va disminuyendo. El ayuno nos da, sin duda, la oportunidad de entender cómo es nuestra relación emocional con la comida y qué mecanismos hemos generado para comportarnos de una determinada manera con ciertos alimentos. Piensa que nos relacionamos más con la comida que con muchas personas. Aprovecha, pues, estas fases para aprender a reflexionar y ser más consciente de cómo comes: qué pasa por tu cabeza cuando te sientas a comer, qué tipos de alimentos te atraen, pregúntate también si puedes controlar o no ese apetito concreto.

Al principio, el hecho de no estar comiendo, de no saciar esa necesidad que tu cuerpo todavía tiene, porque está acostumbrado a engullir todo lo que quiere y en el momento que lo quiere, hará que te sientas angustiado o con estrés. Pero con este aprendizaje llegará un día en que tu cuerpo, y tu mente, van a hacer un clic. De repente te darás cuenta de que estar ayunando y no comiendo constantemente te genera un estado de bienestar maravilloso. Cuando aprendas esto de manera profunda vas a coger mucha fuerza y autoestima porque habrás tomado las riendas de tu propia alimentación.

4

ORGANIZA
y PLANIFICA

INTRODUCCIÓN

Has llegado a uno de los módulos más importantes, donde voy a mostrarte cómo puedes organizarte y planificarte para que tu ayuno intermitente sea todo un éxito. Pero antes de empezar, me gustaría que respondieras estas preguntas:

- 🦋 ¿Por qué te ha llamado la atención la práctica del ayuno intermitente?
- 🦋 ¿Por qué quieres llevar a cabo esta transformación en tu vida?
- 🦋 ¿Cuáles son los motivos reales que te llevan a ello?
- 🦋 ¿Qué quieres cambiar?
- 🦋 ¿Qué quieres conseguir?
- 🦋 ¿Dónde quieres llegar?

Dedica un minuto a pensar en ello, tranquilamente, sin prisas. Es importante que te lo plantees bien porque este camino que te dispones a recorrer implica unos cambios y tienes que estar seguro de si de verdad quieres y aceptas todos estos cambios y beneficios.

Tranquilo. Igual todavía no sabes qué responder. Para que puedas contestar bien a estas preguntas, durante este capítulo vamos a hacer una serie de ejercicios y pautas que te van a ayudar a conocer la verdadera esencia de por qué quieres este cambio, de por qué quieres ir desde el punto en el que estás ahora hasta el punto deseado. Porque, ante todo, este camino tiene que estar bien trazado y planificado. Debemos tener un mapa detallado, una buena brújula y muy buena predisposición, porque no vamos a poder recorrer el camino juntos si tú realmente no quieres, sincera y honestamente, cambiar las cosas. Cuando tú de verdad lo quieras, vas a notar que este camino va a ser un paseo muy agradable.

Siempre digo que antes de querer cambiar la salud de alguien, tienes que preguntarle si está dispuesto a suprimir las causas que le están provocando su enfermedad, sus molestias y sus incomodidades. ¿Estás dispuesto, pues, a dejar atrás todo lo que no te hace sentir bien?

En este capítulo vamos a trabajar desde todos los puntos de vista: desde la parte emocional, desde la reflexión interna con nosotros mismos y también desde la organización, planificación y decisión de las diferentes posibles rutas. Todo esto nos va a llevar de A a B y, te lo aseguro, los cambios que vas a notar serán espectaculares.

EL PLAN DE ACCIÓN

Es muy importante saber responder a estas dos preguntas antes de pasar a la acción:

- 🦋 ¿Me merece la pena toda esta transformación vital que voy a experimentar con el ayuno intermitente?
- 🦋 ¿Por qué lo hago?

Como te decía en la introducción de este módulo, voy a ayudarte a responder a todas estas preguntas, y lo voy a plantear mediante un ejercicio que te va a hacer más consciente de esta decisión.

Este ejercicio se basa en trabajar esta parte más emocional, de autoconocimiento, pero que es clave para tener mucha fuerza en nuestra decisión. El ejercicio se llama Plan de Acción.

Lee atentamente este lema:

Así como hay cosas que pasan por algo, hay cosas que por algo no pasan.

Eso es la planificación. No planificar es planificar un fracaso. Estamos en un punto en el que es clave tenerlo todo muy bien detallado y en el que vale la pena dedicar un tiempo consciente a ello.

Lo primero que tenemos que hacer es conocernos mejor y saber qué es lo que queremos realmente.

PLAN DE ACCIÓN

DEFINE UN OBJETIVO GENERAL (positivo, realista, no impuesto)

_____

_____

AHORA ESTE OBJETIVO GENERAL VAMOS A DESGLOSARLO:
PIENSA EN GRANDE Y PLANIFICA EN PEQUEÑO: plantéate algo
grande y da un paso pequeño hacia delante

_____

_____

Valora del 0 al 10 la importancia que tiene para ti conseguirlo
(nada importante) 0 1 2 3 4 5 6 7 8 9 10 (muy importante)
CUÁL ES TU VALORACIÓN:

_____

_____

Valora del 0 al 10 la confianza de ser capaz
(nada) 0 1 2 3 4 5 6 7 8 9 10 (mucha)
CUÁL ES TU VALORACIÓN:

_____

_____

Después de haber reflexionado sobre los posibles beneficios o
inconvenientes de cambiar las cosas o no hacerlo, te invito a que
contestes las siguientes preguntas:

¿Qué es lo que realmente quieres conseguir al cambiar tu ESTILO DE VIDA HACIA EL AYUNO INTERMITENTE?

_____

_____

¿Qué es necesario que hagas para mejorar tu ESTILO DE VIDA HACIA EL AYUNO INTERMITENTE?

_____

_____

¿Qué tendrás que dejar de hacer para cambiar?

_____

_____

¿Qué ganarás cuando logres cambiar tu ESTILO DE VIDA HACIA EL AYUNO INTERMITENTE?

_____

_____

¿Para qué te merece la pena el cambio?

_____

_____

Valora del 0 al 10 cómo puntúas tu ESTILO DE VIDA hasta la actualidad y REPITE ESTA PREGUNTA DESPUES DE 1 MES (nada) 0 1 2 3 4 5 6 7 8 9 10 (mucha) CUÁL ES TU VALORACIÓN:

_____

_____

Antes de empezar a hacer nada, antes de planificar, de elegir qué tipo de ayuno intermitente te conviene más, qué tipo de alimentación tendrás, cómo vas a estructurarte los días y las semanas… no te saltes este paso, porque te ayudará a generar un estado de mucha predisposición; cada vez que consigas hacer un clic y superes este estado vas a entrar en lo que se llama un *momentum*, es decir, en la autosatisfacción y la autorrealización de ir avanzando hacia delante. Es una sensación muy poderosa que te va a hacer coger muchísima fuerza para consolidar cada cambio en tu estilo de vida. Este ejercicio lo puedes hacer una vez al mes, cada quince días, cada semana… y así irás viendo cómo vas evolucionando. ¡Empecemos!

DEFINE UN OBJETIVO GENERAL

Quiero que hagas este ejercicio en un momento de calma, en el que puedas estar solo, relajado, con tiempo. Primero tendrás que definir un objetivo general, que tiene que plantearse siempre en calidad positiva, realista y no impuesta. ¿Qué quiero decir con esto? Que nunca pongas un *no*. Nunca digas:

No quiero seguir abusando tanto de la comida procesada,

por ejemplo; exprésalo, pero de manera positiva:

Voy a introducir en mi vida un tipo de alimentos saludables.

Siempre nos tenemos que dar mensajes positivos para activar el circuito de la autorrecompensación positiva.

Debes ser realista, también: no te plantees cosas que honestamente sean inalcanzables para ti. Piensa que esto te lo impones tú, no soy yo ni nadie más quien te dice dónde debes llegar, así que no te pongas un objetivo muy lejano cuando todavía hay pasos intermedios que no tienes consolidados. Y no pasa nada, esto es un camino, no una competición para ver quién es el primero en llegar a la meta. Porque, de hecho, aquí no hay meta, la meta es el propio camino, entrar en este estilo de vida y disfrutarlo.

Y, por último, debe ser un objetivo no impuesto, que lo decidas tú; esta es la clave. A veces nos imponen realizar una dieta o una terapia médica que nosotros no hemos decidido hacer y esto acarrea consecuencias y una sensación constante de frustración, de resistencia, de agobio. Lo impuesto nos agobia. Así que el ayuno debe ser una práctica libre y flexible, de lo contrario no funcionará.

PIENSA EN GRANDE, PLANIFICA EN PEQUEÑO

Una vez tengas claro qué es lo que te mueve a hacer este cambio sustancial en tu vida, deberás ir desglosando ese gran objetivo en planes más pequeños, en los que puedas concretar esa decisión. Por ejemplo: «Voy a introducir alimentos más saludables en mi dieta». ¿Y cómo segmentaría este objetivo en dos o tres? Pues, por ejemplo, en el trabajo voy a cambiar el sitio donde voy a comer porque hacen una comida muy procesada y voy a ir a un sitio de comida más saludable; en mis cenas me propondré introducir alimentos más naturales y vegetales, o cada vez que mi cuerpo tenga un impulso por comer algo dulce no voy a ser tan reactivo y, en vez de comerme una galleta, por ejemplo, voy a tener más presentes los *snacks* saludables. Estos son algunos ejemplos. Eres tú quien se conoce mejor a sí mismo y sabe lo que quiere introducir o cambiar. La concreción es importante porque te permite actuar de manera decidida y sin tener que plantearte cada acción en cada instante.

Seguimos con la ficha y valora ahora la importancia, del o (nada importante) al 10 (muy importante), que tiene para ti conseguir lo que te propones. Sé honesto para saber cuánta motivación tienes en tu haber, aunque imagino que si estás leyendo este libro es porque estás muy motivado. De hecho, necesitas estarlo para hacer este camino. No es nada complicado, pero sí que se precisa un grado de compromiso y decisión que, con los días, se adquiere de forma automática. Ya verás como llegarás a hacer el ayuno sin tan siquiera plantearte que lo estás haciendo, te saldrá de forma natural.

No me voy a cansar de repetir que es importante que tengas claro cuál es el fondo de la cuestión, qué es lo que realmente quieres, porque este será el faro que te guiará en todas tus decisiones. A partir de aquí, y como sigue en la ficha, tienes también que repasar tu día a día, tus rutinas, para saber dónde puedes mejorar más. Revisa tu comportamiento con la alimentación y apúntalo en la ficha: esto te dará fuerzas para reconocer las situaciones que te están perjudicando. Si sabes detectar dónde está una falla, sabrás dónde ir a repararla. Por otro lado, con el ayuno a veces debemos dejar de lado ciertas cosas que hasta ahora estaban en nuestro día a día para que nuestra transformación sea fácil y asequible. Plantéate qué es lo que deberías apartar de tu nueva rutina.

También es importante tener claros cuáles son los beneficios que esperas obtener de tu ayuno. Ahora ya conoces los grandes beneficios que te puede aportar, así que escribe en la ficha aquello que para ti tiene más fuerza. Piensa que cuando ponemos por escrito aquello que tenemos en la cabeza, hacemos una conexión muy fuerte con nuestro sistema nervioso central, lo cual va a hacer que nuestras acciones estén más focalizadas y sean más nítidas, porque estaremos alineando los pensamientos con las acciones. Finalmente, debes reflexionar para qué te merece la pena este cambio. Aquí cada uno tendrá sus motivaciones en relación con su entorno, las relaciones sociales, las personas más cercanas, consigo mismo, su estilo de vida, el trabajo que tenga…

Es importantísimo que empieces por este ejercicio antes de hacer nada. Es una gran inversión para tu futuro hacia el ayuno intermitente. Además, vas a ir viendo, cuando valores tu nuevo estilo de vida, de qué forma vas mejorando y evolucionando, y comprobarás que vas consiguiendo los objetivos que te hayas propuesto para, así, poder ir marcándote algunos de nuevos.

En definitiva, y para recapitular brevemente, es básico tener claro:

- 🦋 qué nos mueve,
- 🦋 qué debemos cambiar,
- 🦋 dónde queremos llegar

y, todo esto, escribirlo para tener un compromiso con nosotros mismos más firme y, al mismo tiempo, para tenerlo identificado de forma concreta y diáfana.

EL AYUNO, UN PLAN FLEXIBLE

Uno de los aspectos que más me gusta del ayuno intermitente, y apuesto a que estarás de acuerdo conmigo, es su flexibilidad. Y es que cuando aprendemos a manejar sus diversas estructuras, tenemos un margen de maniobra amplísimo con el que podemos acabar adaptándolo a cualquier situación de nuestra vida.

Nuestro ritmo del día a día está sometido a muchos cambios, turbulencias, situaciones en que tenemos unas necesidades específicas. La alimentación está presente en nuestras vidas de manera prácticamente constante, con lo que a veces estamos por completo condicionados por las comidas y llegamos a comer solo porque toca, porque «es la hora de comer». Sin embargo, el ayuno es una herramienta que hace que no dependamos de estos horarios que nos hemos autoimpuesto socialmente. Me gusta, por tanto, la flexibilidad que adquirimos con el ayuno, porque podemos estructurarlo como mejor nos conviene a nosotros, lo cual nos da mucha independencia y bienestar.

En el fondo se trata de una cosa muy sencilla: escuchar más a nuestro cuerpo y saber las necesidades que tiene, y a partir de ahí darle una ventana de ayuno y otra de ingesta en vez de estar dependiendo de la comida. La flexibilidad da más libertad a nuestro cuerpo, que deja de ser un organismo tan dependiente de las ingestas.

Por tanto, debes tener muy claro que la flexibilidad es poder adaptar a ti y a tu cuerpo las estructuras que, según tus necesidades, te vayan mejor. Piensa que estás manejando una herramienta que trabaja para ti, que se adapta a ti, y no al revés. El ayuno se ajusta a cualquier momento, a cualquier situación y a cualquier tipo de alimentación que lleves.

DIFERENTES ESTRUCTURAS DEL PLAN

Antes de ponerte con el ayuno intermitente, vamos a repasar los planes que tienes a tu disposición y que ya conoces.

🦋 Plan de Iniciación (12/12). Ideal para empezar poco a poco, puesto que no nos exige demasiado, de hecho es posible que ya estés practicando este ayuno sin saberlo. Pero este plan también funciona como complemento de ayunos más prolongados, puesto que lo podemos usar como descanso o como plan de transición hacia otro. Nos lo tomaremos, pues, como nuestro plan inicial o comodín.

| DÍA 1. FASE DE AYUNO 12h | DÍA 2. FASE DE INGESTA 12h |

ÚLTIMA HORA DE INGESTA
20.00h

DESAYUNO
8.00h

COMIDA
14.00h

CENA
20.00h

La hora de la comida es orientativa, se puede ajustar a nuestras necesidades, aunque es recomendable que haya un equilibrio entre el tiempo que transcurre entre el desayuno y la comida, y la comida y la cena. Lo importantes es respetar las 12 horas de ventana de ayuno y el número de ingestas.

✖ Plan Basic (14/10). Este plan es intermedio y ya nos da pistas de aproximación al que vendrá después y que es el más habitual, el Estándar. Más tarde veremos cuánto tiempo es interesante estar haciendo un plan antes de pasar al siguiente.

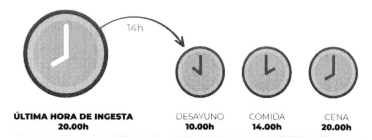

ÚLTIMA HORA DE INGESTA
20.00h

DESAYUNO
10.00h

COMIDA
14.00h

CENA
20.00h

La hora de la comida es orientativa, se puede ajustar a nuestras necesidades, aunque es recomendable que haya un equilibrio entre el tiempo que transcurre entre el desayuno y la comida, y la comida y la cena. Lo importantes es respetar las 14 horas de ventana de ayuno.

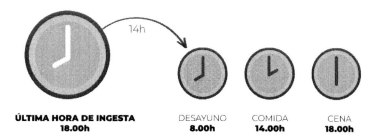

ÚLTIMA HORA DE INGESTA
18.00h

DESAYUNO
8.00h

COMIDA
14.00h

CENA
18.00h

La hora de la comida es orientativa, se puede ajustar a nuestras necesidades, aunque es recomendable que haya un equilibrio entre el tiempo que transcurre entre el desayuno y la comida, y la comida y la cena. Lo importantes es respetar las 14 horas de ventana de ayuno.

🦋 Plan Estándar (16/8 o 18/6). Cuando lleguemos aquí también debemos tener en mente que la fisiología humana se adapta a todas las situaciones, o sea que no hay que ser extremadamente estricto. Podemos hacerlo de forma intermitente: hacer este plan unos días y luego pasar a otro más suave, como el 12/12 o el 14/10. Tomaros vuestro tiempo e id investigando qué os conviene más. También hay personas que me preguntan si es posible empezar directamente por el 16/8. Sí, claro que puedes, lo importante es que sepas escuchar a tu cuerpo para ver si se ha adaptado bien a este nuevo modelo de vida. Si te sientes con fuerzas y ánimos, adelante. Si no es así, prueba a rebajar la fase de ayuno y verás cómo tu cuerpo se va acostumbrando.

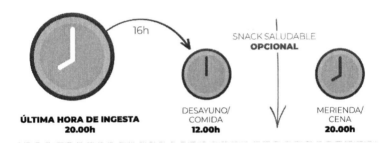

OPCIÓN 1 DÍA 1: **FASE DE AYUNO 16h** | DÍA 2: **FASE DE INGESTA 8h**

16h

SNACK SALUDABLE
OPCIONAL

ÚLTIMA HORA DE INGESTA
20.00h

DESAYUNO/
COMIDA
12.00h

MERIENDA/
CENA
20.00h

La hora de la comida es orientativa, se puede ajustar a nuestras necesidades. Lo importantes es respetar las 16 horas de ventana de ayuno.

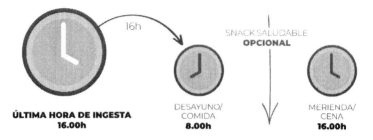

La hora de la comida es orientativa, se puede ajustar a nuestras necesidades. Lo importantes es respetar las 16 horas de ventana de ayuno.

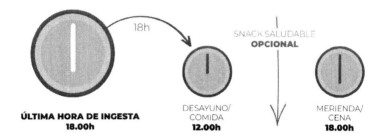

La hora de la comida es orientativa, se puede ajustar a nuestras necesidades. Lo importantes es respetar las 18 horas de ventana de ayuno.

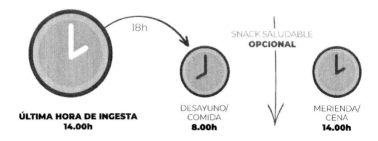

La hora de la comida es orientativa, se puede ajustar a nuestras necesidades. Lo importantes es respetar las 18 horas de ventana de ayuno.

¿QUÉ DIFERENCIA HAY ENTRE AYUNAR POR LA MAÑANA O POR LA TARDE?

Dependiendo del momento del día en que ayunemos, el impacto hormonal es diferente. Por la noche, vamos a incidir en que nuestro cuerpo tenga más **hormona de crecimiento,** esa hormona etiquetada como el elixir de la eterna juventud, porque permite regenerar nuestro cuerpo. Como descansamos, tenemos los niveles de insulina bajos, y se produce más cantidad de esta hormona de crecimiento. En cambio, cuando nos levantamos por la mañana y no hacemos ningún tipo de ingesta, incidimos sobre la **cetosis,** que es una parte muy buena del ayuno. Aumentará la flexibilidad metabólica, es decir, la capacidad que tiene el cuerpo para utilizar nuestras reservas. Hay que señalar que estamos en un camino de alimentación saludable, de modo que ambos procesos estarán presentes. No quiere decir que dejes de producir hormona de crecimiento si haces el ayuno por la mañana o al revés. Simplemente potenciamos uno u otro aspecto del ayuno.

LOS HORARIOS DEL DÍA A DÍA

Una de las claves del ayuno intermitente es una buena planificación de nuestro día. Como hemos visto a lo largo de los anteriores capítulos, muchas veces comemos no porque tengamos hambre, sino por cuestiones emocionales. A menudo focalizamos nuestras frustraciones —las tensiones laborales, los desencantos sentimentales, las preocupaciones familiares…— en la comida; y a veces, simplemente picamos alguna cosa por aburrimiento. Sea como sea, es importante planificar las horas de nuestro día para saber en cada momento qué debemos hacer y, así, evitar que la comida sea una tentación. Hay otra razón que me gusta recordar, también. Y es que una persona que planifica su día, en el fondo, se está comprometiendo con el estilo de vida que propone el ayuno y, en definitiva, con una vida más sana.

A pesar de estos argumentos, algunos de mis alumnos se muestran escépticos ante la idea de la planificación. Recuerdo a un chico muy joven, un deportista consumado, que argumentaba que ya planificaba suficiente sus entrenos, y no quería que su vida fuera una cuadrícula continua. Igual que este joven, hay personas con muchas responsabilidades a quienes no les gusta la idea de planificar. Si tú eres una de esas personas, deja que te diga que te entiendo perfectamente y, de hecho, no estoy proponiendo una disciplina rígida que vaya en contra de la necesidades de nuestro cuerpo. Simplemente, se trata de ser consciente de las rutinas, e integrar en ella las ingestas de manera muy intuitiva. De este modo, muy pronto nos sentiremos de mejor humor, con mayor capacidad de concentración, dispuestos a disfrutar de los amigos, la familia y todo lo bueno que nos da la vida.

Ayunoconsejo #2:
MANTENTE OCUPADO

Muchas veces comemos porque estamos aburridos. Es algo tan sencillo, como innegable. Por lo tanto, estar ocupado te ayudará a olvidarte del hambre o las comidas. Además, es una forma de mostrar contigo mismo el compromiso que has adquirido con este método, y la transformación que te has propuesto.

En el segundo capítulo ya hemos visto las distintas estructuras que tenemos para completar nuestro ciclo de ayuno y de ingesta. Empecemos por los horarios del que sería el plan de Iniciación, el 12/12, en el que normalmente se hacen tres ingestas. Así, pongamos por caso que hacemos la última ingesta del día, la cena, a las 21.00. Dejaremos pasar doce horas de ayuno y entonces, a las 9.00 de la mañana desayunaremos. La segunda comida del día podría ser a las 14.00, por ejemplo, y la tercera, que ya volverá a ser la última, a las 21.00. Empezar de esta forma es muy recomendable porque es muy sencillo y natural. Como digo siempre, el ayuno es algo natural que se ha hecho toda la vida. ¿Te has fijado en que la palabra *desayunar* significa precisamente esto, 'romper el ayuno', deshacer esta ventana de horas durante las cuales no comemos? Uno de nuestros alumnos me contó enseguida cómo empezó a sentir los beneficios del ayuno con esta ventana de doce horas. «Nada más empezar los beneficios hormonales fueron bárbaros. Solo con esperar tres horitas a desayunar, mi vida empezó a cambiar. Fue el inicio de un gran salto en mi vida.» Como bien me dijo ese alumno, este es el principio de un cambio que va a ser mucho más grande a poco que nos adentremos en el ayuno.

Pasemos ahora al plan Basic, el 14/10, donde los beneficios empiezan a notarse ya de manera notable, tanto en el cuerpo como también en el ánimo. Por eso, la mayor parte de la gente que decide hacer este cambio de vida, acaba yendo más allá. Con esta estructura ya dispondremos de dos opciones distintas. Vayamos por partes.

La primera opción que te propongo sería cenar a las 21.00, con lo cual, el desayuno del día siguiente ya pasaría a ser a media mañana, a las 11.00. Entonces, la comida puede ser a las 15.00, por ejemplo, y la cena, a las 21.00. Con este plan ya estamos alargando un poco más el proceso del ayuno.

Una segunda opción sería hacer una primera ingesta a las 9.00 de la mañana, con lo que podríamos comer antes, a las 13.00, por ejemplo, y, eso sí, la última ingesta del día tendría que ser a las 19.00 para poder completar el ciclo de 14 horas de ayuno hasta las 9.00 de la mañana siguiente. Recuerda que debes permitirte ser flexible con las estructuras y manejarlas según tus necesidades; incluso puedes ir alternando varias opciones, como veremos más adelante.

Una vez ya nos sintamos cómodos con esta estructura, podemos pasar al plan Estándar. En este hay dos variaciones, como seguramente recordarás: la 16/8 y la 18/6. En ambas hay dos ingestas. Sí, dos. Y ante esa perspectiva muchas veces la gente me pregunta: «Pero, ¿podré tomar algún *snack* entre comida y comida?». Sí, claro. En el módulo 5 hablaremos de ello con más detalle. Entonces, si a las 21.00 cenamos, eso querrá decir que hasta las 13.00 no habrán pasado 16 horas, y si optamos por el 18/6, tendrán que ser las 15.00. Después de eso ya volvemos a la cena, a las 21.00.

Pero existe otra opción que debes valorar si se adapta mejor a tu estilo de vida; sería hacer la primera ingesta a las 8.00 de la mañana, con lo que la última ingesta debería hacerse a las 16.00 de la tarde. Y en el caso de que queramos que pasen 18 horas, la última ingesta debería ser a las 14.00. Con este método nos saltamos la cena, en el primer caso, o bien el desayuno, en el segundo, y comprimimos la ventana de las horas de ingesta.

UN DÍA IDEAL

Vamos a ver un ejemplo de un día con el ayuno intermitente del tipo 16/8. Recordad que esto significa que estamos dieciséis horas sin comer, y aprovechamos la ingesta de ocho horas para hacer dos comidas. En este caso, supondremos que comemos a las 9.00 y a las 17.00.

Nos levantamos pronto, a las siete de la mañana, y hacemos ejercicio. Podemos salir a correr un rato o ir al gimnasio. Por supuesto, también podemos hacer ejercicio en casa o combinar ambos. A las 9.00, tomamos un café. Hasta ahora nos hemos relajado, pero empieza el momento de trabajar. Nos enfrentamos a esas horas con entusiasmo, porque estamos llenos de energía, y nos gusta lo que hacemos. A las 13.00, hacemos una pausa para comer. No comemos deprisa y corriendo, sino todo lo contrario. Como sabemos que este es un momento importante, nos damos espacio para disfrutarlo, y saboreamos cada cucharada que damos. Hemos comido sano y, por lo tanto, seguimos repletos de energía. Sin esa modorra tan molesta, dedicamos un par de horas más al trabajo, y, luego, empezamos el momento de relax. Podemos subrayar ese momento vital tomando un té o alguna otra infusión, y luego disfrutar aquello que más nos gusta, y de las personas que queremos. A las 20.00 cenaremos, con tranquilidad, y tal vez veamos una película o leamos un rato... Algo que nos relaje, y nos permita descansar bien.

Y por último está el Extensive que, como bien sabes, tiene dos posibilidades: 24 horas o 36 horas de ayuno. Este, más avanzado, permite limpiar a fondo nuestro cuerpo de toxinas, y evitar inflamaciones. En el primero se hace una única ingesta y en el segundo, se hacen cero ingestas durante un día. ¿Cómo funciona? Pongamos que haces una ingesta a las 14.00; entonces, para respetar las 24 horas de ayuno, ya no volverías a comer nada hasta las 14.00 del día siguiente; así se consigue darle al cuerpo toda la tarde y toda la mañana de fase de ayuno. En el caso de las 36 horas es un día completo sin ingestas. Es decir, tendrías la última comida a las 21.00 y durante todo el día siguiente no harías ninguna ingesta más; volverías a comer a las 9.00 horas del día siguiente.

Ayunoconsejo #3:
AMOLDA TUS HÁBITOS

Uno de los momentos más difíciles de los primeros momentos de ayuno son los viejos hábitos. Por ejemplo, el momento de desayunar con la familia. «¿Qué hago?», me pregunta mucha gente. Siempre les digo que se sienten con su familia, con sus seres queridos, pero que cambien de hábitos. En lugar de tomarse una tostada, pueden tomar un café o un té. Si mantenemos la estructura de nuestro día, pero amoldamos nuestros hábitos, nos será más fácil incorporar el ayuno intermitente.

«¿POR CUÁL EMPIEZO?»

Esta es la pregunta de oro que me hacen las personas que se han decidido a dar el paso. Por poco que estén motivados, siempre les contesto lo mismo: «Empieza por el de 14, a ver cómo te sientes.» Según mi experiencia, a una persona con ganas, estas horas le encajan a la perfección, porque no alteran su ritmo de vida y, por el contrario, le confieren una gran vitalidad. ¿Esto quiere decir que todo el mundo tiene que empezar con las catorce horas de ayuno? No necesariamente. Como acabamos de ver con el caso de uno de mis alumnos, también se puede intentar el de doce horas. Por el contrario, si ya practicas el ayuno, con un horario de 14/10 o similar, mi consejo es que no te detengas ahí, y des un paso más allá. Por ejemplo, prueba con el 18/6. De este modo, entrenarás tu metabolismo, y tus beneficios serán cada vez más potentes.

LA ESTRUCTURA SEMANA A SEMANA

Ahora que ya tenemos claros los posibles horarios que podemos adoptar para cada tipo de plan, pasaremos a ver cómo podemos organizar nuestras semanas, porque como verás no siempre hace falta repetir las mismas rutinas. Partimos siempre de que el ayuno es flexible y de que tenemos diferentes estructuras y que, por tanto, puedes jugar con diferentes opciones.

Venga, vamos a abrir la agenda. Ponte que estás empezando y que vas a hacer, en la primera semana, todos los días, de lunes a domingo, el 12/12. Igual a la segunda semana ya te sientes perfectamente adaptado y ves que llevas muy bien este proceso; es el momento de probar, un par de días, el plan Basic. Por ejemplo, el martes y el viernes pasas a hacer el 14/10. Si sigues progresando, quizás puedes repetir lo mismo en la tercera semana. Y si no, te mantienes así. Recuerda siempre que esto no es una carrera y ni mucho menos hay que ir rápido. Puedes repetir y no pasa nada. Si te vas sintiendo bien, puedes ampliar los días que haces 14/10 y pruebas algun día con el Estándar. Por ejemplo, algo así, pero dependiendo de como tengas tú la semana: el lunes, 14/10; el martes, 12/10; el miércoles, 14/10; el jueves, 12/10; y el viernes pasas a 16/8, para probarlo; el sábado, vuelves a 14/10; y el domingo otra vez a 16/8. Y de este modo puedes ir aumentando esta progresión.

FICHA DE SENSACIONES

Una cosa muy importante que deberías hacer mientras estás con el ayuno, especialmente cuando empiezas, es un diario de sensaciones. Es decir, coge una libreta que sea solo para eso y en ella vas apuntando, día a día, cómo te sientes: ¿estás fatigado?, ¿tienes sueño?, ¿has pasado hambre?, ¿estás pensando todo el día en comida?, ¿te sientes animado y con energía? Apunta cualquier sensación que notes porque va a ser la manera de conocerte mejor y de conocer cómo reacciona tu cuerpo a los cambios. De este modo también sabrás si es recomendable que vayas avanzando en tu plan de ayuno o si es mejor continuar con el que llevas. Cuando lleves unas semanas, si relees tus notas verás que has ido progresando y que cada vez te encuentras mejor.

Imaginamos ahora que ya tienes más experiencia. Pruebas una semana casi completa del 16/8, algún día te vas al 18/6 e, incluso, un día de la semana pasas a hacer el de 24, con una sola ingesta, y luego vuelves a tus 16 horas de ayuno. Esta estructura te sirve para programarte, ir viendo sensaciones y qué resultados obtienes. Por esto es importante ir apuntando cómo te sientes, ya que te ayudará mucho a reflexionar sobre tu nuevo estilo de vida.

EJEMPLOS DE PLANIFICACIÓN

La ficha de la página siguiente te puede servir para ir apuntando toda tu programación. Igual piensas que no te hace falta, pero como ya hemos comentado antes, no planificar es planificar un fracaso. Así que ponte manos a la obra y ve apuntando tus planes. Negro sobre blanco verás mejor cómo evolucionas, qué días tienes algo especial, cuántos días llevas de un plan o de otro… Todo lo que puedas preparar antes de ponerte con el ayuno te servirá para avanzar con determinación y sin titubeos.

	INICIACIÓN 12/12				BASIC 14/10				ESTÁNDAR (16/8 - 18/6)				EXTENSIVE (24/36)			
SEMANA 1	L	M	X	J	L	M	X	J	L	M	X	J	L	M	X	J
	V	S	D		V	S	D		V	S	D		V	S	D	
SEMANA 2	L	M	X	J	L	M	X	J	L	M	X	J	L	M	X	J
	V	S	D		V	S	D		V	S	D		V	S	D	
SEMANA 3	L	M	X	J	L	M	X	J	L	M	X	J	L	M	X	J
	V	S	D		V	S	D		V	S	D		V	S	D	
SEMANA 4	L	M	X	J	L	M	X	J	L	M	X	J	L	M	X	J
	V	S	D		V	S	D		V	S	D		V	S	D	

NIVEL INICIACIÓN

Voy a darte tres planes diferentes pero ya estructurados por mí, con un criterio de progresión y de adaptación según tu nivel.

Aunque cada persona debe hacerse su propio plan de acuerdo con sus obligaciones o rutinas, no está de más que te oriente un poco, especialmente al principio, porque creo que esto te puede ayudar a despreocuparte y a empezar de forma más controlada y segura.

En esta primera ficha vamos a basarnos en el 12/12. Verás que es un plan para cuatro semanas, pero la idea es que en pocos meses ya domines perfectamente esta herramienta por ti mismo.

Empezaremos poco a poco: la primera semana, como ves, completa con el 12/12. Y lo mismo para la segunda semana. Así, sin prisas, aprendemos bien a manejarnos con este ayuno y a ver cómo respondemos. Una vez ya tenemos dos semanas de experiencia y nos encontremos en una zona de confort, podremos pasar a hacer el 14/10 durante tres días (en este caso, propongo lunes, miércoles y viernes). Así sería también la semana cuatro, con lo que habríamos ampliado la experiencia del 14/10 de manera suficiente para saber si nuestro cuerpo se ha adaptado bien a estos cambios.

	INICIACIÓN 12/12	BASIC 14/10	ESTÁNDAR (16/8 - 18/6)	EXTENSIVE (24/36)
SEMANA 1	✓L ✓M ✓X ✓J / ✓V ✓S ✓D	L M X J / V S D	L M X J / V S D	L M X J / V S D
SEMANA 2	✓L ✓M ✓X ✓J / ✓V ✓S ✓D	L M X J / V S D	L M X J / V S D	L M X J / V S D
SEMANA 3	L ✓M ✓X ✓J / V ✓S D	✓X / ✓L ✓V M J S D	L M X J / V S D	L M X J / V S D
SEMANA 4	L ✓M ✓X ✓J / V ✓S ✓D	✓X / ✓L ✓V M J S D	L M X J / V S D	L M X J / V S D

NIVEL MEDIO

Cuando ya has probado el primer nivel (plan de Iniciación) y te has ido sintiendo cómodo en él, puedes pasar al nivel Medio (planes Basic y Estándar). Como te he comentado antes, sin embargo, puede que te veas con fuerzas para empezar directamente con este nivel y obviar el plan de Iniciación. Perfecto, pues, puedes empezar por aquí sin ningún problema.

Te propongo lo siguiente: durante las dos primeras semanas vamos a hacer todos los días el plan Basic, el 14/10. Seguiremos progresando y ya en la tercera semana, el lunes, miércoles y viernes, vamos a probar el 16/8 del plan Estándar. Son dos horas más al día de ayuno. En la semana cuatro seguiremos igual, si es que la experiencia nos ha ido bien, pero, el último viernes, introduciremos el 18/6 del plan Estándar. Esto nos va a preparar para tener más experiencias sobre fases de ayunos más largas para poder entrar, más adelante, en una estructura más amplia.

	INICIACIÓN 12/12							BASIC 14/10							ESTÁNDAR (16/8 - 18/6)							EXTENSIVE (24/36)						
	L	M	X	J	V	S	D	L	M	X	J	V	S	D	L	M	X	J	V	S	D	L	M	X	J	V	S	D
SEMANA 1								✓	✓	✓	✓	✓	✓	✓														
SEMANA 2								✓	✓	✓	✓	✓	✓	✓														
SEMANA 3									✓		✓		✓	✓	16/8 ✓		16/8 ✓		16/8 ✓									
SEMANA 4									✓		✓		✓	✓	16/8 ✓		16/8 ✓		18/6 ✓									

NIVEL AVANZADO

Te encuentras bien, con energía, con ánimos, tu cuerpo responde… y quieres empezar el ayuno intermitente de una forma más profunda y continuada; ha llegado el momento de ver como adquieres todos esos beneficios de los que hemos hablado.

El plan que te sugiero es el siguiente: las dos primeras semanas vamos a hacer el 16/8 todos los días, que es un ayuno ya muy completo, pero durante la segunda semana vamos a hacer, uno de los días, por ejemplo el jueves, el de 18/6. Luego, en la tercera semana pasaremos a hacer prácticamente todos los días esta estructura del Estándar, excepto un día, en el que vamos a hacer un ayuno Extensive, es decir, que vas a pasarte un día completo (24 horas) sin ingerir nada. Escoge el día que te venga mejor (yo te propongo el sábado). Y, como colofón, para la última semana haremos todos los días el 18/6 excepto el domingo, que nos reservaremos para practicar el ayuno límite, el Extensive de 36 horas.

	INICIACION 12/12				BASIC 14/10				ESTANDAR (16/8 - 18/6)				EXTENSIVE (24/36)			
	L	M	X	J	L	M	X	J	L	M	X	J	L	M	X	J
	V	S	D		V	S	D		V	S	D		V	S	D	
SEMANA 1									16/8	16/8	16/8	16/8				
										16/8	16/8					
SEMANA 2									16/8	16/8	16/8	18/6				
									16/8	16/8	16/8					
SEMANA 3							✓(D)		18/6	18/6	18/6	18/6		24		
									18/6		16/8					
SEMANA 4									18/6	18/6	18/6	18/6			36	
									18/6	18/6						

DÍAS DE TRANSICIÓN

Recuerda que el plan de Iniciación también te puede servir no solo para empezar, sino para hacer transiciones. Por ejemplo, puedes estar con el Estándar durante un tiempo y hacer una transición de una semana o de varios días con el 12/12. El Basic y el Estándar pueden ser continuos como estilo de vida y tener estos patrones de alimentación, mientras que los Extensives son más puntuales y se utilizan para incrementar la depuración y el trabajo del ayuno; sirven para entrar más adentro de nuestras células y poner en marcha todos los procesos fisiológicos que ya conocemos. Lo recomendamos hacer de forma puntual. Si necesitas mucha depuración o mucha profundidad, puedes hacerlo una vez a la semana durante unos meses o de forma regular una vez al mes; de este modo le darás al cuerpo más flexibilidad y más situaciones metabólicas que te van a ayudar a que esta maquinaria (la ingeniería enzimática y metabólica) se ponga en marcha y vaya a una velocidad constante y potente.

EL DÍA TRAMPA

¿Existe un día trampa? ¿Se puede hacer? Sí y requetesí. Hay ciertos alimentos que sabemos que no podemos incluir en nuestros menús diarios, pero que también sabemos que si los consumimos de forma esporádica o puntual, es decir, una o dos veces a la semana, o varias en un mes, tampoco no pasará nada. Una de las grandezas del ayuno intermitente es que nos deja disfrutar de esos pequeños placeres de la gastronomía que tanto nos apetecen.

Voy a confesaros algo. A mí me encantan los dulces. Son mi perdición. Si estuviera haciendo una dieta estricta, me sería imposible imaginar que no me puedo comer un trozo de tarta o un bombón un día esporádico. Y eso, en mí, seguro que me generaría una frustración que mentalmente no me sería para nada beneficiosa. En cambio, el ayuno intermitente es fantástico porque me permite darme ese capricho de vez en cuando, al salir a comer con unos amigos o en alguna celebración familiar. Me permito comer un trozo de tarta porque, al día siguiente, compensaré ese exceso de carga de azúcares, de insulina, y podré rebajar ese residuo. Cuando hablo de esto siempre me viene a la mente una imagen: una ola grande rompiendo en el mar, que deja un montón de espuma (esta imagen correspondería al hecho de pegarnos una comida más gamberra); pero luego esa ola y su consiguiente espuma se desvanecen, vuelve la calma del mar y las aguas van volviendo a la serenidad (eso es lo que hace el ayuno, devolvernos a un estado de salud y calma física y emocional).

Este día trampa, claro está, también hay que saber calibrarlo para que no se nos vaya de las manos. Pero también es sano e importante aprendrer a disfrutar de un capricho de vez en cuando, porque lo puedes compensar. Y lo puedes subsanar de manera previa o posterior. Por ejemplo, si sabes que el sábado tienes un cumpleaños y, por tanto, es muy probable que te vayas a pasar un poco con la comida, puedes hacer un ayuno intermitente más prolongado el día anterior; o, si lo prefieres, *a posteriori*, el domingo, puedes darte una ventana de ayuno más amplia. Tienes que ser muy consciente de ese día trampa y no debes ocultártelo. Al contrario, añádelo a tu ficha, porque así sabrás que tal día tienes un evento en el que es muy posible que te permitas algún antojo; así podrás planificar tu cabeza para tener claro lo que vas a hacer tanto antes como después. Con el ayuno, libertad, flexibilidad y sinceridad con uno mismo, siempre.

DECÁLOGO PARA UN AYUNO SANO

1. EVALÚA TU ESTADO DE SALUD

Siempre va a ser importante que conozcas tu estado de salud, especialmente si en los últimos meses no has cuidado mucho tu alimentación, de modo que, como prevenir es mejor que curar y vas a hacer cambios muy positivos en tu estilo de vida, quizá este sea el mejor momento para hacerte un reconocimiento médico completo.

2. LIMPIA TU DIETA

Elimina progresivamente de tu nevera y despensa los alimentos procesados y el alcohol. Aumenta el consumo de productos frescos y naturales.

3. REDUCE EL NÚMERO DE COMIDAS Y LA CANTIDAD DE ALIMENTO DE TUS PLATOS

Introdúcete poco a poco en el ayuno intermitente saltándote alguna comida (por ejemplo, el desayuno, la merienda o la cena) y reduciendo el volumen de alimentos que componen tu menú diario, de forma que vayas ampliando de forma gradual los periodos de tiempo que pasas sin comer.

4. EVITA OBSESIONARTE CON LA COMIDA

Trata de mantenerte ocupado con aquellas actividades que sean de tu interés o que tengas pendientes de realizar para evitar pensar con frecuencia en la comida.

5. HIDRÁTATE BIEN

Aumenta el consumo de líquidos, especialmente en aquellos momentos del día en los que no vayas a tomar ningún alimento. Puedes optar por beber infusiones de hierbas o especias, caldos o licuados vegetales (80% verduras y hortalizas – 20% fruta).

6. AUMENTA TU NIVEL DE ACTIVIDAD FÍSICA

Plantéate la posibilidad de hacer deporte en ayunas. Puedes llevar a cabo ejercicio aeróbico o de fuerza de baja intensidad, como caminar, trotar, nadar lentamente, montar en bicicleta, levantar pesos pequeños o realizar ejercicios isométricos sencillos.

7. CUIDA TU HIGIENE

Debido al proceso de desintoxicación, durante la fase de ayuno es probable que aumente tu olor corporal. Cámbiate más veces de ropa si fuera necesario y procura evitar el uso de productos químicos, como cosméticos, perfumes o cremas: deja que tu piel transpire sin impedimentos. Si lo deseas, puedes optar por jabones, desodorantes o lociones elaboradas artesanalmente.

8. MANTÉN UN HORARIO DE SUEÑO REGULAR

En los primeros días tras la incorporación del ayuno intermitente en tu rutina es posible que experimentes dificultades para dormir, por ello, planifica bien tus horas de descanso y sueño y desconecta del uso de pantallas de ordenador, *tablet* o móvil una hora antes de irte a la cama.

9. RELÁJATE

Busca un lugar de la casa que te inspire tranquilidad, esté limpio, ordenado y ventilado y tenga una temperatura agradable. En el suelo de este espacio vas a colocar una manta o esterilla y te vas a tumbar con ropa cómoda a observar, en silencio y durante 20 minutos, la posición de tu cuerpo, cadencia de tu respiración y fluir de pensamientos, sin tratar de controlarlos o modificarlos.

10. DISFRUTA DEL PROGRAMA DE AYUNO

Considera que el momento actual es el más adecuado para realizar ese cambio tan necesario y deseado en tu estilo de vida. Vive el «aquí y el ahora» sacando el máximo partido posible a cada sensación física, pensamiento y reacción emocional que se te presente.

⑤

¡A COMER!

TIPOS DE ALIMENTOS PARA LA FASE DE INGESTA

En este módulo vamos a ver el tipo de alimentación ideal en nuestro nuevo sistema de vida, así como las cantidades que es recomendable ingerir y lo que nos aporta. Es importante tener claras algunas nociones y los recursos que tenemos para las fases de ingestas y las de ayuno.

En la fase de ingesta deberíamos combinar nuestro ayuno con un tipo de alimentos que, como veréis, responden plenamente al sentido común. De hecho, seguro que no os voy a contar nada que no sepáis, porque vamos a hablar de alimentos naturales y saludables. Con el ayuno no hay trampa ni cartón. Cuando a tu cuerpo, además de darle una fase de ayuno, le das alimentos y nutrientes de verdad, los beneficios se disparan. No recomiendo en ningún caso que de forma continuada utilicemos el ayuno para tener una alimentación muy artificial o procesada o repleta de alimentos basura. Hacerlo de este modo servirá de muy poca cosa; el ayuno requiere de un cuidado completo de tu alimentación. Esto no quiere decir que el ayuno no pueda ser una buena herramienta para, puntualmente, poderte dar un capricho (como hemos explicado a raíz del día trampa), pero la base del día a día debe estar formada por alimentos saludables.

Aquí tenemos una tabla con el tipo de alimentos que nos conviene ingerir, otros que nos podemos permitir y otros que sería mejor descartar.

Naturales 👍	Procesados saludables 👍	Ultraprocesados 👎
Vegetales Frutas Legumbres Cereales integrales Del mar Origen animal Semillas Frutos secos	Aceites vegetales vírgenes extra: oliva, coco, sésamo, lino, etc. Pan; Fermentados: kéfir, kombucha, tempeh, lácteos bio	Todo lo que lleve: Edulcorantes Azúcar Grasas hidrogenadas Sal refinada Harinas blancas Soja Leche de vaca Conservantes y aditivos

Como te decía, me gusta hablar desde el sentido común: los alimentos que más deberíamos comer en las fases de ingesta serían aquellos que son naturales, «de verdad», es decir, que nos los comemos tal y como los trae la naturaleza. La base de nuestras comidas deberían ser estos alimentos.

Después están los alimentos procesados de buena calidad, y por tanto saludables. El pan, por ejemplo, es un alimento que podemos incorporar, pero debemos tener cuidado de que no esté elaborado con harinas artificiales y superprocesadas. El yogur, por otro lado, es mejor que sea de cabra u oveja. Estos alimentos no son obligatorios, pero los podemos ir incorporando sin problema.

Pero, sobre todo, lo que debemos evitar es la comida ultraprocesada. Pero, como siempre te digo, tienes que ser flexible y tener sentido común, tampoco hay que caer en la rigidez típica de las dietas demasiado estrictas. Por ejemplo, a veces me dicen: «Por la mañana me tomo un café con un poquito de leche y ya no tomo más en todo el día; además, el resto de mi alimentación se basa en alimentos naturales. ¿Puedo tomar esa leche de la mañana con mi café?». Sí, sin problema; lo importante también son las cantidades y el equilibrio de las diferentes partes. Cuando el cómputo global es positivo, el ayuno llegará a ser muy productivo.

¿SNACKS DURANTE EL AYUNO?

Cuando estamos en la fase de ingestas, a veces podemos sentir la necesidad de comer alguna cosa entre una ingesta y otra. Vamos, lo que popularmente conocemos como picar algo. También puede ser que no sientas esa necesidad, en ese caso, perfecto, porque es mucho mejor pasar sin tomar nada, tu cuerpo realmente no lo necesita. Pero en el caso de que sí que lo necesites, voy a darte opciones sanas, saludables y saciantes que te van a ayudar a pasar mejor las horas entre comida y comida. ¡Toma nota!

- **Frutos rojos:** ideales porque tienen un índice glucémico muy bajo.

- **Frutos secos:** también tienen un índice glucémico bajo porque son básicamente grasa (almendras, nueces, avellanas, anacardos…). Los podemos combinar, por ejemplo, con **semillas de calabaza** o **pipas de girasol**, que también son opciones bien saludables.

- 🦋 **Manzana:** esta poderosa fruta es muy saciante y además lleva muy pocos azúcares.

- 🦋 **Piña y papaya:** otra buena opción de frutas porque tienen muy buenas enzimas para nuestro sistema digestivo y tienen muy poca carga glucémica.

- 🦋 **Verduras frescas:** una opción es cortar un tronco de apio y convertirlo en un *snack*, o bien pelar una zanahoria y cortarla en *sticks* para ir comiéndola tranquilamente. Otra opción es utilizar la verdura que ha sido encurtida, como los *pickles*; los pepinillos, al encurtirlos, generan una fermentación que hace que el alimento tenga una serie de bacterias beneficiosas para la salud.

PROPORCIONES NUTRICIONALES

Una vez tenemos claro el tipo de alimentos que deberíamos tomar, vamos a ver cómo se proporcionan para que tengamos nutricionalmente un equilibrio entre la ingesta de los diferentes nutrientes. Ya veréis que es muy sencillo, solo hay que tener dos o tres conceptos muy claros.

Seguimos en la fase de ingesta. Quiero que te imagines un plato redondo vacío. Ahora traza una línea imaginaria para dividirlo en dos. Lo que te voy a contar ahora sirve para **comida** y **cena**, del desayuno hablaremos más adelante. Bien, volvamos a nuestro plato. El 50% de lo que debería ingerir nuestro cuerpo en la fase de ingesta ha de basarse en vegetales (hortalizas, verduras, brotes…); esta es la parte completamente vegana. Aquí podemos tener ensaladas (pero vegetales, ¿eh? No os animéis poniendo cosas que nos mal nutren, como palitos, surimi, queso, jamón, salsas con nata, mayonesas…), o bien verduras, que pueden ser al horno, asadas, al wok, a la plancha, al vapor, en crema 100% vegetal… Todo esto significará la mitad de tu alimentación, que no es poca cosa.

Para la otra mitad tenemos dos opciones. Lo primero que debemos hacer es dividir esta parte en dos: en una de estas mitades, que significará una cuarta parte de tu plato, tendremos proteína (pescado azul, blanco, marisco, carnes blancas, rojas –de manera más limitada–, huevo, proteínas vegetales, como el tofu, el tempeh…). Y para la otra parte vamos a tener dos opciones, según la necesidad de la persona. Si lo que necesitas es reducir un exceso de peso, o bien en tus analíticas de sangre te aparecen valores metabólicos con el azúcar alto, o quieres profundizar y movilizar más grasa… en estos casos, vamos a añadir grasas (aceites, aguacate, semillas, frutos secos…). Con medio aguacate tenemos la cantidad ideal de grasa, o con un puñado de frutos secos. Pero, como te decía, existe otra opción, igual de válida, y es la que introduce hidratos de carbono complejos (básicamente cereales integrales, como el arroz integral, la quinoa o el mijo, la pasta integral, el pan integral…). También podemos introducir tubérculos (boniato, patata) o legumbres, que son ricas en hidratos de carbono y también tienen proteína.

Todo esto se puede mover y adaptar, sin problema. Es decir, que si eres una persona que necesita adelgazar también puedes hacer la opción de los hidratos de carbono, sin ninguna duda también te va a ir bien, porque se basa en una alimentación muy saludable. Lo importante es que tengamos claro el criterio de que tenemos que consumir grandes raciones de vegetales en las fases de ingesta y combinarlas con buenas raciones de proteína, aunque menores que los vegetales; sin olvidar que existe el comodín de las raciones más ricas en grasas o en hidratos de carbono, es decir, que aquel que se prepara la segunda opción, la de los hidratos, también puede añadir a su dieta las grasas, que son muy buenas (un buen aceite de oliva, unas buenas semillas, aguacate con la ensalada). Eso sí, con las cantidades moderadas para que puedas nutrirte y tengas una digestión que no llegue a colapsar tu sistema digestivo, sino que te haga sentir bien y activo.

Vamos a ver ahora la parte del **desayuno**, donde también tenemos un par de opciones. Lo que te diré ahora, lo admito, no te va a sorprender: alimentos saludables y reales. No se trata de inventar nada, ya lo ves. Por tanto, podemos hacer un desayuno que sea más rico en hidratos de carbono: por ejemplo, podemos comer el típico *porridge* de avena combinado con frutos secos, añadir alguna bebida vegetal, o bien hacernos una tostada de pan de buena calidad con alguna proteína como el huevo, pescado azul de conserva, como el bonito o la caballa, o bien puedes combinar el pan con el aguacate y un poco de aceite de oliva y añadir el café de la mañana, o bien una buena infusión.

Otra opción para empezar el día es hacerlo con menos hidratos de carbono y más grasa. ¿Por qué? Para potenciar el ayuno: cuantos menos hidratos de carbono ingiramos, más va a tirar nuestro cuerpo de las reservas de grasa. En este caso, quitaríamos el pan, la avena, etc. Te puedes hacer una tortilla, o bien unos huevos escaldados con aguacate y algún vegetal, como pepino o tomate, o bien poner salmón combinado con aguacate y tres o cuatro nueces; si el salmón no te apetece, lo puedes sustituir por jamón de cerdo o de pavo. Si utilizamos estos alimentos de buena calidad, tendremos desayunos muy nutritivos y saludables para inaugurar la fase de ingesta.

OPCIONES PERMITIDAS EN LA FASE DE AYUNO

La gran pregunta y preocupación de muchos de los ayunantes intermitentes es saber qué opciones hay para comer durante la ventana de ayuno y que no echen por la borda todos los beneficios que vamos logrando durante la fase de ayuno. Efectivamente, existen alimentos que se pueden tomar y que van a permitir que el cuerpo siga en un proceso de ayuno fisiológico y, por tanto, que sigamos beneficiándonos de todas sus ventajas.

Principalmente, a nivel fisiológico, debemos respetar dos procesos para no interferir en el ayuno. Uno es el proceso metabólico y el otro el del sistema digestivo, al cual debemos dejar descansar.

A nivel metabólico hay un principio que es básico y que es el que nos va a mantener sin interferir en nuestro ayuno: no activar la hormona de la insulina, porque la insulina, cuando sube, provoca que el organismo haga un cambio y se ponga en un estado de almacenamiento. La insulina nos saca del ayuno, por lo que todo lo que la haga aumentar nos va a perjudicar. ¿Qué es lo que hace subir la insulina en nuestro cuerpo? La entrada de azúcares, ya sean sólidos o bien líquidos. También hay otro elemento que a veces activa la insulina, que son los estimulantes (café, té, etc.), aunque esto varía en función de cada persona. La cafeína, por ejemplo, estimula el cortisol, que es una hormona que hace que el hígado produzca azúcar, con lo que el azúcar sube y, por consiguiente, la insulina también. Otra situación que puede hacer subir la insulina es el estrés, el cual hace que nuestro cuerpo produzca hormonas que provocan que suba la glucosa en sangre. Así que, para que quede claro, todo lo que comamos en la fase de ayuno que lleve azúcares nos sacará del ayuno.

En segundo lugar, como apuntaba, debemos respetar el descanso digestivo. Porque el descanso digestivo activa todo ese mecanismo llamado MMC de limpieza y mantiene bajo control la microbiota y los sistemas inmunológico y detoxificante. Activar mucho el sistema digestivo también nos va a sacar del ayuno. Por ejemplo, a veces tomamos bebidas que son fermentadas y que actúan con la microbiota, o bien edulcorantes químicos, que tienen un poder de estimular y modular, lo que afecta a la microbiota. Todo eso altera nuestro ayuno.

Entonces, ¿qué podemos tomar en la fase de ayuno? Por ejemplo, el agua, que no activa la insulina, ni lleva azúcares ni activa el sistema digestivo. Es más, no es que podamos tomar agua, es que debemos tomarla. ¿Y el agua macerada? ¿Agua con limón, menta, canela…? Sí, claro, también es una buena opción porque tampoco interactuará con nuestros azúcares ni nuestro sistema digestivo. E incluso podemos tomar agua infusionada, es decir, infusiones: las hay de muchos tipos y puedes tomarte las que quieras; eso sí, sin añadirle edulcorantes de ningún tipo, ni ningún tipo de azúcar, miel, sirope de ágave… También podemos beber agua con gas, que acaba siendo una buena opción en esas situaciones más sociales: cuando estamos en un bar con amigos y no sabemos qué podemos pedir y qué no. A veces estas opciones que te doy en este apartado nos sirven sobre todo mentalmente, como comodines para mantener esa fase, o bien para los compromisos sociales, en los que siempre podemos tomar una infusión o un agua con gas cuando estamos en un evento social y no sabemos qué podemos pedir y qué no.

Otra opción para tomar en fase de ayuno son los caldos filtrados (caldos vegetales, de huesos…), que no contengan fibras ni nada que active el sistema digestivo. De hecho, si nuestra ventana de ayuno coincide con el final del día, es muy reconfortante tomar un caldo vegetal bien calentito para asentar tu estómago y tener una mayor sensación de confort. Ayuda a tener más adherencia, a seguir más las pautas y también te da la sensación de que estás comiendo algo, lo cual te ayudará mentalmente a seguir adelante.

También podemos hacer jugos, sobre todo licuados. Batidos, no. Deberíamos utilizar máquinas extractoras o licuadoras para separar la fibra del líquido. Los jugos es mejor que sean muy altos en vegetales, con muy poquita fruta, porque lleva azúcares; si ponemos media manzana o incluso una de entera no pasa nada, porque esa pequeña cantidad de azúcares no producirá un pico de insulina lo suficientemente significativo para sacarnos del ayuno.

Hasta aquí, estos recursos son muy válidos y aceptados por todo el mundo. Sin embargo, existen otras pautas que podríamos añadir dependiendo de cada persona. Por ejemplo, si nuestro sistema digestivo está bien, podemos tomar café, sin abusar, y siempre y cuando a ti te sienta bien. Ahora bien: ¿café con leche? Es mejor que en el ayuno no tomes leche, ni bebida de avena o arroz, porque tienen más azúcares. Una opción para combinar con tu café sería la bebida de almendras o de coco.

¿QUÉ COMER?

PASO 1: GRUPOS DE ALIMENTOS SEGÚN SU MACRONUTRIENTE

Para empezar, debemos aprender a distinguir entre tipos de alimentos según su macronutriente. Los macronutrientes son aquellas sustancias que proporcionan energía al organismo para un buen funcionamiento, además de otros elementos necesarios para reparar y construir estructuras orgánicas, para promover el crecimiento y para regular procesos metabólicos. Están constituidos por proteínas, grasas e hidratos de carbono.

Atención, porque clasificamos cada alimento por el elemento que más destaca, pero no quiere decir que no tenga otros. Por ejemplo, la quinoa también tiene proteína, además de hidratos de carbono. Pero destaca más por el hidrato de carbono, así que lo ponemos en esta categoría.

Ricos en hidratos de carbono	Ricos en grasas	Ricos en proteínas	Ricos en fibra, vitaminas y minerales
Arroz Quinoa Avena Trigo Patata Boniato Legumbres	Aceites Semillas Aguacate Frutos secos	Pescado Marisco Ave Huevo Carnes Proteína vegetal	Verduras Hortalizas Frutas

PASO 2. LAS PROPORCIONES

Ya te he hablado de cómo deberían dividirse las proporciones en tu plato a la hora de comer y cenar, pero ahora vamos a verlo con números más concretos para que no te quede ninguna duda. Ten en cuenta que las proporciones son un punto de partida, pero no tenemos que obsesionarnos con ser exactos. Además, la proporción la podemos conseguir cada día, pero también lo podemos dividir a lo largo de una semana. La alimentación tiene flexibilidad, y puedes ir jugando; la cuestión es que, al final de la semana, la media sea la que te indicaré. Así, por ejemplo, un lunes podemos comer solo un plato de arroz, pero, a lo largo de la semana, lo compensaremos con otros tipos de nutrientes. Por el contrario, podemos apostar por comidas que cada día mantengan estas proporciones.

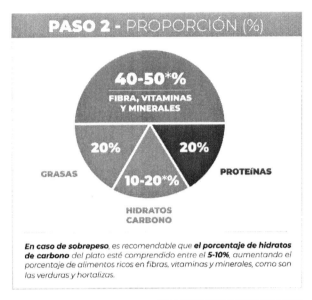

PASO 2 - PROPORCIÓN (%)

40-50*%
FIBRA, VITAMINAS Y MINERALES

20%
GRASAS

10-20*%
HIDRATOS CARBONO

20%
PROTEÍNAS

En caso de sobrepeso, es recomendable que **el porcentaje de hidratos de carbono** del plato esté comprendido entre el **5-10%**, aumentando el porcentaje de alimentos ricos en fibras, vitaminas y minerales, como son las verduras y hortalizas.

%	20	5 - 10
CONSTITUCIÓN	DELGADA ATLÉTICA	EXCESO DE PESO
FLEXIBILIDAD METABÓLICA	↑	↓

HABITUAL VS. PUNTUAL

Si hacemos de todo esto lo habitual, puntualmente puedo tomar algo que se sale de la norma, pero es puntual. Lo puntual no va a generar mala salud. Lo que nos enferma/sana es lo habitual. Si estás en plena forma y, de vez en cuando, te tomas una copa de vino o un trozo de chocolate, no va afectar a tu salud. Si estás en proceso de recuperación, es más seguro mantener la dieta hasta que estés al cien por cien.

PASO 3. CANTIDADES

Las proporción de alimentos según sus nutrientes es fundamental, pero ¿qué cantidad debemos comer? Muchos alumnos se acercan para preguntármelo, porque necesitan una referencia, y es lo más normal del mundo. En este aspecto, lo primero que debemos saber es que la caloría es muy útil para estudiar los efectos de la comida, pero no acaba de ser práctica para el día a día, porque nos exige atención al mínimo detalle y no tiene una incidencia tan importante. Siempre recomiendo que las personas que empiezan a comer sano, siguiendo estas indicaciones, estudien la cantidad de calorías que tiene cada tipo de alimento para tener una idea. Pero una vez avanzamos, podemos guiarnos perfectamente con cantidades.

Vamos a tomar como ejemplo una comida consistente en un wok con 150 gramos de verduras, medio aguacate (es decir unos 90 gramos), y un muslo de pollo (es decir, unos 120 gramos). Dejamos de lado los hidratos, porque eso ya depende de cada tipo de persona. Podemos ver en el gráfico de la página siguiente que estos tres alimentos hacen una suma de unas 482 kcal. Luego hay que añadir los extras. Un puñado de frutos secos o de semillas, por ejemplo, sumarían 30 gramos más. Dos cucharadas soperas de aceite de oliva serían unos 20 gramos. A esto añadimos una ración de 100 gramos de pan, patata o arroz, y, en total, nos vamos a 482 gramos o 1135 kcal. Si hacemos dos ingestas al día de una comida como esta, sumamos un total de 1135 kcal o 860 gramos. Estas serían unas cantidades razonables para comer en el día a día.

PASO 3 - CANTIDADES

40%
FIBRA, VITAMINAS Y MINERALES

VEGETALES
wok verdura
150 g
115 kcal

1/2 aguacate

muslo pollo

?

GRASA 90 g
145 kcal

PROTEÍNA
120 g
222 kcal

HIDRATOS CARBONO

TOTAL sin **H.C.** - **482 kcal**

EXTRAS:

SEMILLAS, FRUTOS SECOS	1 PUÑADO	30 g / 146 kcal
ACEITE OLIVA	2 CUCHARADAS	20 g / 180 kcal
PATATA, ARROZ, PAN	1 RACIÓN	100 g 86 / 129 / 277 kcal

482 sin **H.C.** ⟶ **1135 kcal**

las cantidades en g/kcal son una referencia de lo que sería una ración estándar

PASO 4. DIFERENCIAR ENTRE CALORÍAS Y ALIMENTO

En la gráfica de la página siguiente, ponemos el parámetro de glucosa/insulina. Lo pongo junto porque, cuando sube la glucosa en la sangre, la insulina viene a compensar, porque no podemos tener el azúcar muy alto en nuestra sangre. Entonces, la insulina compensa el azúcar cuando este sube mucho. Cuando la insulina está alta, el cuerpo se pone en una situación de almacenamiento, de fabricar reservas, en forma de grasa. Por eso, en el paso 3 hemos puesto grasa.

Hay gente que me dice que la grasa engorda, pero el problema es almacenar demasiada grasa, y eso ocurre cuando la insulina está alta. ¿Qué alimentos suben la insulina? Los hidratos de carbono: si son refinados, son simples, por lo que la glucosa y la insulina entran muy rápido (de modo que almacenamos muchas grasas); si son integrales, la curva no es tan pronunciada.

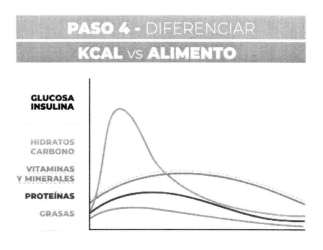

Lo mismo ocurre con los vegetales. La fruta sube un poco más porque tiene más azúcar. Ni la proteína ni la grasa suben la insulina. Con el ayuno baja la insulina y, en lugar de almacenar grasas, las utilizas. Por eso, el ayuno nos ayuda a consumir la grasa. Lo interesante es estar en la zona media, sin generar picos de insulina. En este sentido hay que diferenciar entre caloría y alimento. No son lo mismo 100 calorías de una galleta procesada que 100 gramos de aceite de oliva refinado, porque la primera va a subir mucho el azúcar, y el otro no activará nada la insulina. Con alimentos que no activen la insulina, y dentro de tus necesidades energéticas, vas a tener resultados muy, muy buenos.

PASO 5. A EVITAR

En este último apartado no voy a descubrir nada nuevo, pero siempre es importante insistir en ello. En este estilo de vida que vamos a llevar, con el ayuno intermitente, la comida debe ser siempre lo más sana posible. Esto implica que hay que evitar la acumulación de toxinas, las cargas glucémicas altas y los alimentos que favorezcan la inflamación. Las toxinas se encuentran en los alimentos procesados o quemados, en los que hay mucho pesticida o químico… Así que debemos evitar todo este tipo de alimento. Al mismo tiempo, debemos obviar los azúcares, porque obligan al cuerpo a reaccionar con altas cargas de insulina, y este proceso, adictivo, daña el riñón. Por último, hay que recordar que las grasas hidrogenadas o trans generan procesos inflamatorios internos, porque el cuerpo se tiene que defender de esa agresión. Eso genera que nuestro organismo viva en una inflamación crónica de bajo grado, que nos disminuye la energía.

¿EDULCORANTES DURANTE EL AYUNO? ¡NO, GRACIAS!

Ya hemos visto que durante el ayuno no debemos activar la insulina. Por lo tanto, debemos descartar bebidas azucaradas, o los sustitutos lácticos, como las bebidas de avena o arroz, que tienen más azúcares libres. Tampoco me gusta incorporar la Splenda porque es algo químico que intoxica e interfiere con la macrobiótica. Lo mejor, en definitiva, es no tener la necesidad de recurrir al sabor dulce, que nuestro paladar se acostumbre al sabor natural de las cosas. Y eso solo lo conseguirás dejando de lado por un tiempo los azúcares.

Con los tipos de alimentos, las cantidades y las proporciones que hemos ido viendo, ya podemos esbozar algunas recetas que nos van a ir muy bien en nuestra ventana de ingesta. Cada cual puede hacerse las suyas, claro está, pero me gustaría darte algunos ejemplos para que los tomes como referencia o incluso los incluyas en tus menús diarios, si te apetece.

RECETAS

DESAYUNOS

HUEVOS FRITOS MUY BAJOS EN CARBOHIDRATOS

El huevo es una gran fuente de nutrientes. Así, un huevo grande tiene unos 7 gramos de proteína completa, con los nueve aminoácidos esenciales. También contiene una buena cantidad de grasa saludable con apenas carbohidratos. Además, es rico en vitaminas (A, B12, D, y E, entre otras) y minerales, como el hierro, el selenio, el magnesio y colina, nutrientes esenciales para el desarrollo y mantenimiento del sistema nervioso.

Si quieres un aderezo sabroso para tu revuelto de huevos, puedes optar por incluir queso de cabra rallado, unas tiras de pimiento rojo asado con un chorrito de aceite de oliva, unas hojas de col rizada, de acelgas o espinacas, y un toque de especias variadas.

- 2 huevos
- 1 cucharada sopera de mantequilla
- 15 g brotes de espinacas (u otras hojas o brotes)
- Sal y pimienta al gusto
- 225 ml de café o té

1. Calentar la mantequilla en una sartén a fuego medio.
2. Romper los huevos directamente en la sartén. Si los quieres con la yema hacia arriba, puedes freírlos solo por un lado. Si quieres hacerlos un poco por ambos lados, puedes darles la vuelta después de unos minutos y cocinarlos otro minuto más. Para que la yema quede más cocida solo tienes que dejarlos un poco más de tiempo. Por último, salpimentar.
3. Servir junto con brotes de espinacas, y una taza de café solo recién hecho o de té.

PORRIDGE DE COCO MUY BAJO EN CARBOHIDRATOS

- 1 huevo batido
- 1 cucharada sopera (6 g) de harina de coco
- 1 pizca (0,2g) de cáscaras de psyllium en polvo
- 1 pizca de sal
- 30 g de mantequilla o de aceite de coco
- 4 cucharadas soperas de crema de coco

1. En un tazón pequeño combinar el huevo, la harina de coco, la cáscara de psyllium en polvo y la sal.
2. Derretir la mantequilla y la crema de coco a fuego lento. Añadir a la mezcla de huevo batiendo lentamente hasta conseguir una textura cremosa y espesa.
3. Servir con leche o crema de coco. Poner por encima algunas bayas frescas o congeladas y ¡a disfrutar!

Si te sobra leche de coco, la puedes usar para un *smoothie*. Lo espesará un poco, estará más rico y te saciará más.

GALLETAS SALADAS DE SEMILLAS MUY BAJAS EN CARBOHIDRATOS

Puedes sustituir la harina de almendra por harina de semilla de sésamo si quieres que las galletas no tengan frutos secos.

- 75 ml (35g) de harina de almendra
- 75 ml (50g) de semillas de girasol, de calabaza, de linaza (o de chía) y de sésamo
- 1 cucharada sopera (10 g) de cáscaras de psyllium en polvo
- 1 cucharada pequeña de sal
- 60 ml (50g) de aceite de coco derretido
- 225 ml de agua hirviendo

1. Precalentar el horno a 150 ºC. Mezclar todos los ingredientes secos en un tazón. Añadir agua hirviendo y aceite. Mezclar con un tenedor de madera.

2. Extender la masa finamente en una bandeja para hornear forrada con papel pergamino.

3. Hornear en la rejilla inferior durante aproximadamente 45 minutos, comprobar de vez en cuando. Dejar secar otros 15 minutos, pero prestar atención ya que las semillas son sensibles al calor.

4. Apagar el horno y dejar que la masa se seque dentro. Romper en trozos y extender una generosa cantidad de mantequilla encima.

PORRIDGE DE AVENA CON FRUTA FRESCA Y FRUTOS SECOS

- 200 ml de agua o bebida vegetal (de coco, frutos secos, almendras, avellanas, nueces, o avena)
- 4 cucharadas soperas de copos de avena
- Canela en polvo
- 1 dátil (en trozos pequeños, para endulzar)
- Complemento: 1/2 taza de fruta fresca troceada (o frutos rojos) o un puñado de frutos secos o semillas (de girasol, calabaza, chía, lino...)

1. Calentar la bebida vegetal o el agua en un cazo (se puede incluir cáscara de naranja o una vaina de vainilla para dar un toque de sabor).
2. Cuando comience a hervir, añadir los copos de avena (retirar primero la cáscara de naranja o vaina de vainilla, si se incluyeron) y cocinar a fuego muy lento durante 2 minutos, removiendo constantemente.
3. Cuando se haya formado una papilla algo grumosa, apagar el fuego y dejar reposar 1 minuto.
4. Añadir una pizca de canela en polvo y un dátil troceado.
5. Servir acompañado de un puñado de frutos secos o semillas o de ½ taza de fruta fresca troceada (o frutos rojos). Si se prefiere, se puede reservar en la nevera y tomar en frío.

YOGUR CON MUESLI Y FRUTOS ROJO

Esta receta, a pesar de ser muy sencilla, resulta tremendamente práctica para aquellas personas que buscan ideas acerca de desayunos y meriendas saludables, pues permite, manteniendo el yogur como base, incluir una gran variedad de ingredientes. A la vez, se puede adaptar a una diversa combinación de sabores y texturas realmente deliciosas.

- 1 yogur (vegetal, griego, de oveja)
- 1/4 taza de zumo de manzana natural
- 1 cucharada sopera de copos de avena (finos)
- 1 cucharada pequeña de coco deshidratado en láminas
- 1/2 cucharada pequeña de semillas de chía
- 20 g de nueces picadas
- 1/2 taza de frutos rojos frescos (moras, arándanos, frambuesas, fresas troceadas...)

1. En un bol, mezclar las nueces picadas, los copos de avena, el coco y las semillas de chía.
2. Cubrir la mezcla anterior con el zumo de manzana, remover y dejar enfriar en la nevera.
3. Una vez que se haya enfriado, añadir el yogur y los frutos rojos.
4. Servir acompañado de una infusión.

BATIDO DE AVENA

- 3 cucharadas soperas de copos de avena
- 1/2 plátano maduro
- 20 g de cacahuetes pelados
- 1/2 taza de bebida vegetal
- 1/2 taza de agua mineral
- Una pizca de canela y cacao puro en polvo

1. Batir todos los ingredientes.
2. Dejar enfriar en la nevera.

Este batido de avena es un desayuno muy rápido de elaborar y es muy rico en nutrientes, que aportarán toda la energía necesaria para afrontar el día.

QUINOA CON COCO

¿Eres de los que disfrutan de un buen bol de arroz con leche? Pues toma nota de esta opción proteica y vegana elaborada a partir de la quinoa, un pseudocereal que ya los incas consideraban sagrado y empleaban con fines medicinales. Y es que la quinoa es el único alimento de origen vegetal que tiene todos los aminoácidos esenciales, vitaminas y minerales que nuestro organismo necesita; además, posee un equilibrio excepcional de proteínas, fibra y grasas no saturadas.

- 50 g de quinoa
- 100 ml de agua
- 1 taza de bebida de coco
- 1 rama de canela
- 1 trozo de cáscara de limón
- 1 pizca de sal y de canela en polvo

1. La noche anterior (o unas 4 h antes), poner en remojo la quinoa.

2. Una vez transcurrido el tiempo de remojo, verter la quinoa en un colador fino y lavar bajo el grifo hasta que el agua deje de salir turbia.

3. En una olla, incluir la quinoa, la canela, la cáscara de limón y una pizca de sal. Cubrir los ingredientes con el doble de agua (100 ml) y subir el fuego al máximo. Cuando empiece a hervir, bajar el fuego al mínimo y cocinar hasta que el agua se evapore por completo (unos 15-20 minutos aproximadamente).

4. Una vez cocida la quinoa, retirar la rama de canela y la cáscara de limón y reservar en un bol.

5. Añadir al bol la taza de bebida de coco, remover y dejar enfriar en la nevera.

6. Servir la quinoa en frío con una pizca de canela molida por encima y acompañada de una infusión.

TOSTADAS FRANCESAS CETOGÉNICAS

Esta receta está basada en nuestro pan de taza bajo en hidratos de carbono, pero puedes usar cualquier otro tipo de pan bajo en carbohidratos que prefieras. Si no quieres pesar los ingredientes secos, puedes preparar la mezcla para hornear con antelación. Necesitarás 10 cucharadas soperas (150 ml) de harina de almendras, 10 cucharadas soperas (150 ml) de harina de coco, 1 cucharadas pequeñas de sal y 2 + 1/2 cucharadas de levadura en polvo. Así, tendrás la mezcla lista para diez porciones.

Para el pan de taza
- 1 cucharada pequeña de mantequilla
- 2 cucharadas soperas (15 g) de harina de almendra
- 2 cucharadas soperas (12 g) de harina de coco
- 1 pizca de sal
- 2 huevos
- 4 cucharadas soperas de bebida vegetal (almendra, coco, avena, soja)

Para la masa
- 2 huevos
- 4 cucharadas soperas de bebida vegetal (almendra, coco, avena, soja)
- 1 cucharada pequeña de canela molida
- 1 pizca de sal
- 2 cucharadas soperas de mantequilla

1. Engrasar con mantequilla una taza grande o una bandeja de cristal con fondo plano.

2. Mezclar todos los ingredientes secos en la taza con un tenedor o una cuchara. Incorporar un huevo y añadir la crema. Mezclar hasta conseguir una consistencia suave y sin grumos.

3. Cocinar en el microondas a potencia alta (unos 700 vatios) durante 2 minutos. Comprobar si el pan está hecho en el centro. Si no, cocinarlo 15-30 segundos más.

4. Dejar enfriar y retirar el pan de la taza. Cortarlo por la mitad.

5. En un tazón o plato hondo, mezclar los huevos, la crema y la canela con una pizca de sal. Verter sobre las rebanadas de pan y dejar que se empapen bien. Darles la vuelta varias veces para que las rebanadas de pan absorban la mayor cantidad posible de la mezcla de huevo.

6. Freír en mantequilla abundante y servir al momento.

Elaboración de la masa de relleno

1. En un tazón o plato hondo, mezclar los huevos, la crema y la canela con una pizca de sal. Verter sobre las rebanadas de pan y dejar que se empapen bien. Darles la vuelta varias veces para que las rebanadas de pan absorban la mayor cantidad posible de la mezcla de huevo.

2. Freír en mantequilla abundante y servir al momento.

TOSTAS HEALTHY

Estamos muy acostumbrados a comer casi todo cocinado, sobre todo en temporadas frías, por lo que dejamos las ensaladas para el verano. Sin embargo, deberíamos hacer un esfuerzo y consumir las verduras lo más posible en crudo o muy ligeramente cocinadas para aprovechar todos sus beneficios. Unos buenos ejemplos para alcalinizar nuestro organismo son las siguientes recetas de tostas, elaboradas a partir de unas deliciosas pastas de aguacate que pueden servirse como desayuno, *snack* o merienda-cena (según el tamaño de la tosta).

TOSTADA DE HUMUS DE AGUACATE

- 100 g de garbanzos cocidos
- 1/2 aguacate maduro
- 1 cucharada pequeña de aceite de oliva virgen extra
- 1 cucharada pequeña de pasta de sésamo (*tahini*)
- 1/2 limón (extraer zumo)
- 1 pizca de mezcla de especias en polvo: ajo, comino, pimienta negra, perejil
- 1 rebanada de pan de centeno o espelta

1. Batir todos los ingredientes, excepto el aguacate.
2. Añadir el aguacate a la masa anterior y continuar batiendo hasta obtener una mezcla homogénea.
3. Tostar la rebanada de pan en una tostadora o sartén.
4. Untar el humus de aguacate en la tostada.
5. Servir junto con un café o una infusión.

TOSTADA DE CREMA DE AGUACATE CON COL Y MANZANA ÁCIDA

- 1 hoja de repollo blanco
- 1/2 aguacate
- 1/2 manzana
- Aliño de sal, pimienta negra, limón y aceite de oliva virgen extra
- 1 rebanada de pan de centeno o espelta

1. Picar el repollo hasta que quede muy triturado e incluirlo en un bol. Rociar por encima con una cucharada pequeña de aceite de oliva virgen extra, una pizca de sal, pimienta negra y unas gotas de limón. Dejar macerar durante unos 15 minutos.

2. Una vez pasado el tiempo de maceración del repollo, rallar la manzana e incluirla en el bol. Reservar.

3. Tostar la rebanada de pan en una tostadora o sartén.

4. Aplastar el aguacate sobre la tostada con ayuda de un tenedor hasta que quede totalmente cubierta.

5. Añadir la mezcla del repollo y la manzana por encima.

6. Servir junto con un café o una infusión.

TORTITAS DE AVENA Y PLÁTANO

Los clásicos *pancakes* o panqueques son muy famosos como desayuno en Estados Unidos, y aunque la receta original de tortitas americanas sigue siendo muy popular, cada vez más gente opta por versiones más saludables, como estas.

- 50 g de copos de avena (finos) muy triturados
- 1 huevo
- 1/2 plátano maduro
- Aceite de oliva virgen extra
- Una pizca de bicarbonato (o impulsor químico, como levadura)
- Canela en polvo

1. En un bol, poner el huevo, el plátano troceado y la canela. Batir hasta obtener una pasta homogénea.

2. Añadir a la mezcla anterior los copos triturados de avena, el bicarbonato y remover.

3. Engrasar con unas gotas de aceite de oliva virgen extra una sartén y poner a calentar a fuego medio-alto. Cuando esté caliente, añadir unas cucharadas de la masa hasta formar una tortita y dejar que se cocine. En cuanto aparezcan burbujas, dar la vuelta con una espátula (cocinar aproximadamente 1 minuto por cada lado).

4. Una vez listas, espolvorear con canela y servir inmediatamente acompañadas de un café o una infusión.

PLATOS PRINCIPALES
(COMIDAS Y CENAS)

A continuación, tienes a tu disposición recetas para poder diseñar tus platos según estos grupos. Para realizar tu plato elige un ítem de cada una de las filas.

| WOK de VERDURAS* | ENSALADA de CRUDOS* | CREMA de CALABAZA al CURRI* | BROCHETAS de VERDURAS con aliño de JENGIBRE* | ENSALADA de CRUDOS con QUESO FRESCO y NUECES* | RAPE al PAPILLOTE* | VERDURAS al GRATÉN con BECHAMEL VEGANA* |

| PESCADOS: al horno, a la plancha, hervido, al vapor, wok... | MARISCOS: al horno, a la plancha, hervido, al vapor, wok... | POLLO/PAVO: al horno, a la plancha, hervido, al vapor, wok... | HUEVOS: tortilla, revueltos, a la plancha... | PROTEÍNAS VEGETALES: legumbre, tempeh, tofu, quorn... | CARNES: de pasto de calidad ternera, cerdo, buey... |

| NUECES | ALMENDRAS | SEMILLAS | AGUACATE | ACEITE de OLIVA |

| QUINOA | ARROZ | PATATA | PAN INTEGRAL | PASTEL de MIJO con salsa de REMOLACHA | WOK de PASTA INTEGRAL y VERDURAS* |

WOK DE VERDURAS

Para realizar esta receta necesitas un wok, una sartén honda o una olla de medio fondo. Cuanto más frescos sean los ingredientes, más vitaminas tendrá nuestra ensalada y, por tanto, más saludable será. En este caso, hemos empleado como aliño salsa de soja, la cual es un buen sustituto de la sal, por ser rica en sodio; además, contiene un alto porcentaje de proteínas. Aunque hay que consumirla con moderación, dará un sabor muy especial a nuestras ensaladas, verduras, sopas y otras salsas.

- 1/2 cebolla
- 1/2 manojo de judías verdes
- 1/4 de brócoli
- 1/2 zanahoria (cortada a tiras finas)
- 1/2 calabacín (cortados en tiras finas)
- 1/2 bote de maíz
- 2 cucharadas soperas de germinados de soja
- 1 cucharada sopera de semillas de sésamo
- 4 cucharadas soperas de aceite de oliva virgen extra
- Salsa de soja
- Sal

1. Pelar las cebollas y cortarlas a medias lunas.
2. Saltear las cebollas en la olla, wok o sartén con aceite y una pizca de sal marina durante 4 minutos, sin tapa y a fuego lento.
3. Añadir el resto de las verduras excepto el calabacín y el maíz. Y cocer con tapa y fuego medio bajo durante 8 minutos.
4. Añadir el calabacín, el maíz y la salsa de soja. Mezclar bien todo y cocer durante 2 minutos más tapado.
5. Una vez finalizado, retirar la sartén del fuego y sacar la tapa.

CREMA DE CALABAZA

La calabaza es un alimento vegetal muy rico en fibras y agua (92% de su composición), a la par que bajo en calorías. Es por ello que cuando llega su época, el otoño, su consumo nos ayuda a adelgazar, además de aportarnos numerosos nutrientes. Por otro lado, contiene una gran cantidad de antioxidantes muy beneficiosos para la eliminación de los radicales libres, como, por ejemplo, el betacaroteno, flavonoide que le aporta su característico color anaranjado y que resulta ser un potente anticancerígeno.

- 2 cebollas
- 1/2 calabaza
- 1/2 cucharada pequeña de curri
- 1/2 cucharada sopera de semillas de calabaza
- 1/2 cucharada sopera de aceite de oliva virgen extra
- 1/2 cucharada pequeña de sal

1. Pelar las cebollas y cortarlas a medias lunas

2. En la misma olla donde haremos la crema, saltear las cebollas con aceite y una pizca de sal marina durante 10 minutos, sin tapa y a fuego lento.

3. Mientras, pelar la calabaza y cortarla en trozos medianos.

4. Añadir a la olla la calabaza y agua (que cubra una tercera parte del volumen de las verduras).

5. Tapar y cocer 15 minutos a fuego medio-bajo.

6. Anadir el curri y pasar por la batidora hasta conseguir una consistencia cremosa. Rectificar de líquido con más agua si fuera necesario.

7. Servir en una taza o bol junto con las semillas de calabaza.

BROCHETAS DE VERDURAS CON ALIÑO DE JENGIBRE

Los champiñones aportan vitaminas del grupo B, imprescindibles para el buen funcionamiento de los sistemas nervioso e inmunológico y para la regeneración de los tejidos; además, colaboran en la estimulación de la actividad cerebral. Por otro lado, poseen un alto contenido en hierro (por tanto, su consumo es muy recomendable en caso de déficit de este mineral).

- 9 brócolis (cortados a flores)
- 6 tomates cherry
- 9 champiñones pequeños
- 6 calabacines (en trozos medianos)
- Pinchos o brochetas

Para el aliño
- 1/2 taza de agua
- 2 cucharadas soperas de salsa de soja
- 3 cucharadas soperas de aceite de oliva virgen extra
- 1 cucharada pequeña de miel
- 1 cucharada sopera de jugo de jengibre fresco
- 1/2 cucharada pequeña de hierbas aromáticas al gusto

1. Preparar el aliño para macerar.
2. Hervir el brócoli 2-3 minutos con agua y una pizca de sal.
3. Lavar con agua fría el resto de vegetales y escurrir en un bol grande. Después, sumergir todas las verduras en él 10 minutos (cuanto más tiempo estén los vegetales más sabor cogerán).
4. Hacer las brochetas, alternando los ingredientes y colores.
5. Calentar una sartén grande o plancha, pincelada con aceite de oliva, y hacer las verduras a la plancha. Servir caliente.

ENSALADA DE CRUDOS CON QUESO FRESCO Y NUECES

En este caso, hemos optado por incluir en nuestra ensalada queso fresco de oveja, por tratarse de un derivado lácteo sabroso a la par que nutritivo, completo en proteínas y más ligero en calorías que otros quesos. De hecho, es muy apto en dietas bajas en calorías y para deportistas.

- 75 g de queso fresco de oveja
- 1/4 de lechuga o escarola troceada y lavada
- 1/2 zanahoria rallada
- 1/2 remolacha cruda rallada
- 1/2 tomate cuarteado
- 1/2 aguacate maduro cortado en láminas
- 6 aceitunas
- 1 cucharada pequeña de semillas de calabaza
- 1 cucharada pequeña de semillas de girasol
- 5 nueces troceada

Para el aliño
- 2 cucharadas soperas de aceite de oliva virgen extra
- 1 cucharada pequeña de salsa de soja
- 1/2 cucharada pequeña de miel

1. Se juntan todos los ingredientes en un plato.

2. Se prepara el aliño emulsionando los ingredientes.

3. Se aliña la ensalada, y… ¡a comer!

RAPE AL PAPILLOTE

El rape, como otros pescados blancos, contiene diferentes vitaminas y minerales. Así pues, aporta una gran cantidad de vitaminas del grupo B, como son la B1, B3 y B9 (esta última es esencial para la producción de glóbulos rojos, blancos y material genético).

- 1/2 rape
- 1/2 zanahoria
- 1/2 cebolla
- 1/2 calabacín
- Tomates cherry
- Papel vegetal de horno (más recomendable que aluminio)

Para el aliño
- 2 cucharadas soperas de aceite de oliva virgen extra
- 1/2 cucharada sopera de salsa de soja
- 1 cucharada pequeña de cebollino picado

1. Cortar el rape en trozos medianos.
2. Preparar el aliño y poner a macerar el rape.
3. Cortar la zanahoria, la cebolla y el calabacín en capas finas. Pasarlas por una sartén con un poquito de aceite de oliva virgen extra 10 minutos.
4. Sobre papel de horno hacer una base con la cebolla, la zanahoria y el calabacín y poner sobre ellas el rape macerado con un poco de sal.
5. Envolver con el papel vegetal (mejor con dos capas de papel) y nos aseguramos que quede bien sellado. Añadimos una pincelada de aceite de oliva virgen extra sobre el papel para evitar que este se queme.

6. Cocer en el horno 20 minutos a 180 ºC aproximadamente.

7. Retirar cuidadosamente el papel vegetal, decorarlo con tomates cherry cortados por la mitad y servir.

ENSALADA DE CRUDOS

Las remolachas en una ensalada aportan muchos beneficios, como la ingesta de vitaminas del grupo B, con grandes e importantes funciones para el organismo. También participan en el metabolismo de los hidratos proporcionando mucha energía; además, mantienen la salud de la piel y del sistema nervioso. A su vez contienen folato, necesario para el crecimiento y desarrollo de las células, lo que las hace especialmente necesarias antes y después del embarazo.

- 1 remolacha mediana
- 1/4 de lechuga o escarola troceada y lavada
- 1/2 zanahoria rallada
- 1/2 remolacha cruda rallada
- 1/2 tomate cuarteado
- 1/2 aguacate maduro cortado en láminas
- 6 aceitunas
- 1 cucharada pequeña de semillas de calabaza
- 1 cucharada pequeña de semillas de girasol

Para el aliño
- 2 cucharadas soperas de aceite de oliva virgen extra
- 1 cucharada pequeña de salsa de soja
- 1/2 cucharada pequeña de miel

1. Se preparan los ingredientes en un plato por separado.

2. Se prepara la vinagreta emulsionando los ingredientes.

3. ¡Se aliña la ensalada y a comer!

VERDURAS AL GRATÉN CON BECHAMEL VEGANA

La nuez moscada es un excelente tónico cerebral, pues actúa reduciendo la fatiga y el estrés. Además, resulta muy eficaz en multitud de tratamientos, por ejemplo, contra el mal aliento (gracias a sus propiedades antibacterianas) o en caso de flatulencia. Además, nuestra piel se puede ver beneficiada por el consumo de esta especia, que resulta ser un potente exfoliante natural.

- 1 zanahoria
- 10 flores de brócoli
- 1/4 de calabaza
- 1 manojo de judías verdes

Para la bechamel:
- 1 cebolla
- 1/4 de coliflor
- 1 hoja de laurel
- 3 cucharadas soperas de aceite de oliva virgen extra
- 2 cucharadas soperas de almendra en polvo
- 1/4 litro de leche de avena
- 1/2 cucharada pequeña de nuez moscada
- 1/4 cucharada pequeña de pimienta
- 1/2 cucharada pequeña de sal
- Agua

Preparación de la bechamel

1. Saltear las cebollas con un poco de aceite de oliva virgen extra, y una pizca de sal, sin tapa a fuego medio 10-14 minutos.
2. Añadir la coliflor, el laurel, agua (que cubra un tercio del volumen de las verduras) y otra pizca de sal marina.

3. Tapar y cocer a fuego medio-bajo durante 15-20 minutos. Retirar el laurel, añadir la nuez moscada, la pimienta y hacer puré.

4. Equilibrar su consistencia añadiendo leche de avena.

Elaboración

1. Cortar la zanahoria en rodajas finas, la calabaza en cubos pequeños, el brócoli en forma de flores y las judías en juliana.

2. Cocer las verduras al vapor con una pizca de sal marina durante 10 minutos.

3. Retirarlas y colocarlas en una bandeja del horno.

4. Verter la bechamel encima, espolvorear con almendra en polvo y gratinar unos minutos. Servir caliente.

SNACKS Y TENTEMPIÉS

SURTIDO DE PATÉS CON CRUDITÉS VEGETALES

Este surtido de patés vegetales combina alimentos grasos tan nutritivos y energéticos como el aguacate, y ricos en minerales y antioxidantes, como la remolacha, de la cual se dice que favorece la depuración de la sangre y la mejora en caso de anemia.

Para el paté de remolacha:
- 1 remolacha cocida
- 1/2 cucharada sopera de ralladura de limón
- 1 cucharada sopera de crema de sésamo o cacahuete
- 1/2 cucharada sopera de salsa de soja
- 3 cucharadas soperas de aceite de oliva virgen extra

Para el paté de aguacate:
- 1/2 aguacate maduro
- 1 cucharada sopera de zumo de limón
- 3 cucharadas soperas de aceite de oliva virgen extra
- 1/2 cucharada sopera de salsa de soja
- 1 cucharada sopera de crema de sésamo o cacahuete

Para las crudités*:*
- 1/2 zanahoria (cortada en tiras finas)
- 1 tira de apio
- 1/2 calabacín pequeño (cortado en tiras finas)

1. Paté de remolacha: se mezclan todos los ingredientes y se baten con una batidora o minipimer. Se sirve en un bol o recipiente apropiado.

2. Paté de aguacate: se mezclan todos los ingredientes y se baten con una batidora o minipimer.

3. *Crudités*: se preparan y se sirven todas en un platito y ¡a dipear!

EJEMPLOS DE MENÚS

Para que al principio te sea todo mucho más fácil, aquí tienes unas propuestas completamente desarrolladas de menús para tu día a día y según el plan de ayuno intermitente que estés realizando.

Opción 1. Baja en hidratos de carbono

DESAYUNO	COMIDA	CENA	SNACKS
infusión o café	1 wok de verduras	crema de calabaza	yogur de soja o coco,
porridge de coco	pescado a la plancha	tortilla de calabacín	nueces (20 g)
	almendras		surtido de pates

Opción 2. Moderada en hidratos de carbono

DESAYUNO	COMIDA	CENA	SNACKS
porridge de avena con fruta fresca y frutos secos	ensalada de crudos	wok de pasta integral y verduras	fruta
	pollo al horno	pescado	yogur de soja o coco
	patata y zanahoria al horno		almendras (20 g)

Opción 1. Baja en hidratos de carbono

DESAYUNO	COMIDA	CENA	SNACKS
tostadas francesas cetogénicas	brochetas de verduras con aliño de jengibre	verduras al gratén con bechamel vegana	yogur de soja o coco
	pescado	pavo a la plancha	avellanas (20 g)
	1 cucharada sopera de semillas	aguacate	surtido de patés

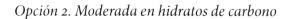

Opción 2. Moderada en hidratos de carbono

DESAYUNO	COMIDA	CENA	SNACKS
Yogur con muesli y frutos rojos	wok de verduras pollo a la plancha pan integral	crema de calabaza al curri con huevo duro y lentejas	fruta yogur de soja o coco almendras (20 g)

16/8

Opción 1. Baja en hidratos de carbono

DESAYUNO	COMIDA	CENA	SNACKS
tostadas francesas cetogénicas	verduras al gratén con bechamel vegana muslo de pollo al horno	ensalada de crudos con queso fresco y nueces	yogur de soja o coco nueces (20 g) surtido de patés

Opción 2. Moderada en hidratos de carbono

DESAYUNO	COMIDA	CENA	SNACKS
Tostada de hummus de aguacate	rape al papillote arroz integral	pastel de mijo con salsa de remolacha hamburguesa de tofu	fruta yogur de soja o coco almendras (20 g)

Opción 1. Baja en hidratos de carbono

DESAYUNO	COMIDA	CENA	SNACKS
huevos fritos	ensalada de crudos con queso fresco y nueces sepia a la plancha	wok de verduras tortilla de calabacín semillas	yogur de soja o coco nueces (20 g) surtido de patés

Opción 2. Moderada en hidratos de carbono

DESAYUNO	COMIDA	CENA	SNACKS
Tostada de crema de aguacate con col y manzana ácida	brochetas de verduras con aliño de jengibre heura o proteína vegetal	wok de pasta integral y verduras gambas	fruta yogur de soja o coco almendras (20 g)

AYUNO DE 24 H

Opción 1. Baja en hidratos de carbono

ÚNICA INGESTA
ensalada de crudos + pescado al horno

Opción 2. Moderada en hidratos de carbono

ÚNICA INGESTA
ensalada de crudos + pescado al horno + patata al horno

6

UN PASO
MÁS ALLÁ

¿QUÉ LE PASA A TU CUERPO DURANTE EL AYUNO?

Seguro que si ya has llegado hasta aquí es porque no solo estás siguiendo nuestro plan de ayuno, sino que quieres saber un poco más o, incluso, dar un paso más.

En este módulo comprenderás cómo tu cuerpo utiliza los diferentes recursos energéticos que tiene durante el ayuno intermitente. De este modo, sabrás en qué momentos usas más grasa o cuándo la glucosa desciende más, es decir, entenderás cómo reacciona tu cuerpo ante el tipo de ayuno que estás haciendo, lo cual te ayudará a definir qué criterio de ayuno intermitente escoges, dependiendo de en qué medio quieras profundizar más.

Empecemos hablando de la concentración de dos hormonas que son las que definen todo el proceso: la insulina y el glucagón.

La insulina tiene un papel más de almacenamiento, ya que es la encargada de generar glucosa dentro de las células. Por tanto, cuando comemos estamos con unos niveles de concentraciones altos de insulina. Conforme van pasando las horas, estos niveles van descendiendo hasta que se genera un equilibrio cuando llegamos a las diez horas de ayuno, más o menos; llegado ese momento se genera otro ligero descenso hasta las doce horas, donde se vuelve a generar otra meseta hormonal, otro descenso, para luego estabilizarse.

La otra hormona de la que es interesante hablar es el glucagón, que hace justo lo contrario. Los hidratos de carbono sobrantes están almacenados en unos depósitos muy limitados en el hígado y los músculos. Entonces, una vez almacenados, para poder utilizarlos hace falta un agente para extraerlos: el encargado de eso es el glucagón. Cuando hemos acabado de comer, el glucagón está bajito, porque el cuerpo ya tiene la energía de los alimentos que acaba de ingerir, por ese motivo en ese momento no lo necesitamos, pero conforme van pasando las horas y el cuerpo va necesitando energía, el glucagón va subiendo. Vamos a encontrar el equilibrio de esta hormona al cabo, más o menos, de las diez horas de ayuno, cuando el glucagón va a hacer otra subida y va a mantenerse bastante alto durante horas. Esto es así porque el cuerpo está buscando, con esta hormona, extraer esos recursos energéticos que necesita para sus funciones celulares, de tejidos, de órganos, etc.

Pasemos a ver ahora qué ocurre con la glucosa. Cuando estamos en ayunas, después de las primeras horas, lo que suele pasar con los niveles de glucosa es que están a unos niveles parecidos al del glucagón. Pero en las cuatro primeras horas de ayuno tendremos un descenso de glucosa bastante importante. Durante ese periodo de tiempo es cuando, si todavía no estás acostumbrado a tu nuevo estilo de vida, puedes notar esa sensación de que el cerebro te envía una señal muy fuerte para que comas. Es como si te dijera: «¡Necesitas comer!, ¡busca comida!, ¡tus células solo pueden alimentarse de glucosa!», y básicamente te lo pide en forma de azúcares. Una vez superada esa primera fase, gracias a que el glucagón empieza a aumentar, también empiezan a subir los niveles de glucosa (aunque no llegarán a ser como los iniciales), y vamos a mantener unos niveles más estables de la glucosa sanguínea, prácticamente hasta las primeras diez horas de ayuno. Después, el cuerpo en ayunas también va a generar otro descenso bastante importante de los niveles de glucosa llegadas las trece o catorce horas. Pasado este tiempo experimentará otro ligero ascenso a través de estos procesos hormonales y de la utilización de otros sustratos para generar unos niveles más estables.

Ante todo, no te preocupes. Debes pensar que estamos hablando dentro de unos patrones de salud, con lo que, en los dos picos más bajos de glucosa que experimentará nuestro organismo, el cuerpo, que es tremendamente inteligente, buscará otras fuentes para nutrir sus células, alimentar esos órganos que son más dependientes de glucosa y buscar otras fuentes de energía para el resto de tejidos.

Vamos a ver ahora qué pasa con el glucógeno, que son las reservas de hidratos de carbono, de moléculas de glucosa intensas, que se encuentran en nuestro hígado y nuestros músculos, y que son limitadas. Piensa que cuando acabamos de comer, el cuerpo, gracias a que el glucagón empieza a subir, empieza a utilizar el glucógeno para producir estos niveles de glucosa y alimentar a sus células; es por este motivo que los niveles de glucógeno van a descender muchísimo, y lo van a hacer hasta llegar a un pico muy bajo, donde esté casi agotado. Si seguimos en ayunas no tendremos la materia prima para volver a hacer reserva de este glucógeno, con lo que estará prácticamente agotado hasta que no generemos nuevas ingestas alimentarias. Esto es muy positivo por un motivo: vaciar los depósitos de glucógeno nos permite que, con las realimentaciones, la transformación en grasa sea mucho menor, ya que mucha parte de la energía la vamos a necesitar para que se introduzca en forma de glucógeno en las reservas hepáticas y de los músculos. Ten en cuenta que una persona activa va a tener más reservas de glucógeno que otra sedentaria, porque el músculo de la activa está más entrenado a utilizar esas reservas.

Pasemos ahora a los llamados ácidos grasos. Su utilización, después de comer, es muy baja, porque el cuerpo se alimenta de la glucosa de la comida. Pero cuando llevamos dos, tres o cuatro horas de ayuno, experimentamos un ascenso, que después se estabiliza. Al cabo de diez horas de ayuno, el uso de estos ácidos grasos va a experimentar un ascenso increíble hasta las doce horas. Durante esa fase el cuerpo va a empezar a movilizar ácidos grasos, sobre todo de la reserva de los triglicéridos, para obtener energía y va a empezar a entrenar a todas las células para obtener energía. Después de las doce horas, el uso de grasas va a ser estable y luego va a empezar a descender, porque tu cuerpo no utilizará esos ácidos grasos directamente como energía para las células, sino que a través del hígado los va a transformar en otra sustancia: los cuerpos cetónicos. Así, poco a poco, se irá generando un ligero ascenso de cuerpos cetónicos, y cuando ya crucemos las doce horas el ascenso será más exponencial. Dada su importancia, y aunque a lo largo del libro ya los hemos mencionado en alguna ocasión, querré hablarte de los cuerpos cetónicos y la cetosis con más profundidad en el siguiente apartado.

Así pues, ¿te has planteado en algún momento por qué empezamos a hablar de ventana de ayuno a partir de las doce horas? Todo tiene una explicación dentro de nuestro cuerpo. Y es que es a partir de las doce horas de ayuno que nuestro organismo empieza a transformarse: la insulina está en sus niveles más bajos, los niveles de glucógeno también están a nivel hormonal muy de descenso, los de glucagón están altos, los de glucosa están llegando a los valores más bajos y más estables, utilizamos muchos ácidos grasos, los cuerpos cetónicos van aumentando… Es en ese momento que el ayuno empieza a generar beneficios en nuestro cuerpo y, conforme más horas pasemos ayunando, más profundos e intensos irán siendo dichos beneficios.

Recuerda que estamos hablando a nivel general, según la fisiología y bioquímica de todas las personas, pero que luego todo depende de las características personales de cada uno (influirá tu entrenamiento con el ayuno, la inflamación que tengas…). Así, una persona entrenada en el ayuno puede ir recortando estos procesos y empezar a generar la fase de cetosis antes.

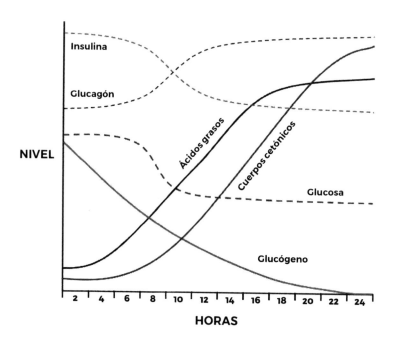

TESTIMONIOS DE LUJO

La periodista **Mercedes Milà** ha sido una de las personas que ha pasado por la Academia Ayunízate, y es una de las figuras con mayor talento para transmitir las sensaciones positivas que tiene el ayuno desde el primer momento. Dejemos, pues, que sea ella misma quien lo cuente.

«El ayuno no me lo pedía el cuerpo, sino la curiosidad. Los periodistas tenemos ese punto de curiosidad. He llegado a médicos muy buenos (acupuntores, homeópatas, terapia neural...) gracias a la curiosidad, y con Edgar me pasó eso. Coincidió que una amiga ya había estado en uno de sus ayunos, y me había hablado muy bien de su experiencia. Él tenía unas fechas libres que me iban bien y lo hice. Ahora soy yo quien lo recomiendo a todo el mundo. En cuatro días, perdí dos kilos y medio y cuatro centímetros de cintura. Desintoxiqué el hígado, la piel... Siempre tengo seca la piel de las piernas, y no tuve que ponerme ninguna crema. Encima dormí estupendamente, y aguanté sin pasar nada de hambre.»

Pero, obviamente, no es la única que se siente plenamente satisfecha y feliz con el hecho de haber incorporado el ayuno a su vida. Habla **Andrea Duro**, actriz: «A mí, personalmente, me hace levantarme con mucha más energía. Siento que, por las noches, mi cuerpo puede parar. Si no, siento que mi cuerpo está continuamente haciendo digestiones, y no descansa de la misma manera». Por su parte, la periodista **Sandra Barneda**, explica cómo conoció el ayuno y se dispuso a ponerlo en práctica: «El libro de Edgar se ha convertido en una revelación, lo tenía todo subrayado. Y digo que lo tenía, porque se lo dejé a alguien, y no me lo han devuelto. Las enseñanzas de Edgar son una auténtica revelación». Otro personaje destacado de la televisión española, **Jorge Fernández**, famoso por presentar el programa *La ruleta de la fortuna*, nos cuenta: «Un día cualquiera termino de cenar a las 21.00 h. Al día siguiente me levanto a las 7.00 h, atiendo a mi hijo y hago cosas en casa. Como todavía no tengo hambre real, sobre las 8.30 h me voy al gimnasio, me ducho, me hago el DES-AYUNO, y empiezo a desayunar sobre las 11.30. Han pasado casi 15 horas desde mi última ingesta». Y por último, pero no por ello menos importante, la actriz **Lydia Bosch** confiesa quién fue la persona que le hizo descubrir el ayuno y cómo eso cambio su vida: «Entré desde Instagram. Vi compañeras a las que conocía, como Sandra Barneda o Mercedes Milà… De hecho, fue Mercedes quien me abrió la puerta, y vine hace unos dos años. Descubrí el cielo. Fue una experiencia maravillosa. Tanto que lo he repetido cada año».

¿QUÉ ES LA CETOSIS?

La cetosis, a bote pronto, nos puede sonar como un concepto negativo porque lo relacionamos con una serie de dietas que, en su día, se llamaron hiperproteicas y que producían un exceso de cetosis.

Pero dentro de la cetosis hay que diferenciar dos conceptos importantes: la cetosis nutricional y la cetoacidosis. En el fondo, la cetosis significa que tu cuerpo empieza a utilizar una serie de sustancias como combustible, los llamados cuerpos cetónicos de los que acabamos de hablar.

Cuando las reservas de glucosa que almacenamos en el hígado o los músculos se han gastado, el cuerpo pone en marcha sus mecanismos para empezar a producir estos cuerpos cetónicos, ya que el organismo necesita otra energía para sus células y sus funciones.

A los cuerpos cetónicos, sobre todo al betahidroxibutirato (BHB), se les han visto grandes beneficios para la salud, especialmente en relación a la salud cerebral: dicho cuerpo cetónico tiene la capacidad de producir energía en una serie de mitocondrias neuronales que aumentan la concentración, el estado de ánimo o el control de la saciedad, por eso es tan importante el ayuno en cuanto a los cuerpos cetónicos. Piensa que nuestros antepasados han estado muchísimo más tiempo viviendo en cetosis que en una recurrente ingesta de azúcar, porque el azúcar que llega a entrar al cuerpo a través de los alimentos ricos en hidratos de carbono hace que los almacenes de grasa cada vez sean más viejos y estén más oxidados y estancados, cuando lo importante es movilizarlos.

La cetosis nutricional, pues, es muy saludable; es simplemente un proceso que está haciendo el cuerpo para obtener una energía que nos es mucho más rentable, porque la que obtenemos de la grasa es mucho más amplia que la energía que procede de las reservas de glucógeno. Fíjate bien: un gramo de energía reservada en forma de glucógeno te da cuatro calorías; en cambio, un gramo de la grasa te da nueve.

Ya que en un estado de cetosis tu cuerpo está aprendiendo a utilizar esa nueva fuente de energía, puede ser que en las primeras fases (ya que vienes de otro modelo de alimentación) te encuentres con una serie de sensaciones o síntomas que te generen una cierta inseguridad o incomodidad. ¡Es normal! Tu cuerpo está aprendiendo a utilizar un nuevo recurso energético y necesita un periodo de adaptación; ya verás que una vez se haya adaptado a esta nueva metodología será muy beneficiosa para tu salud.

Al principio te he subrayado la importancia de diferenciar entre la citosis nutricional y la cetocidosis. Esta última la producen personas que tienen una patología metabólica, un diabético tipo II, por ejemplo, que tiene cero insulina y no puede utilizar la glucosa (recuerda que la insulina es la que mete la glucosa dentro de la célula). Entonces, esta persona tiene que empezar a utilizar masivamente las grasas; así se llega a producir un nivel de cuerpos cetónicos tan alto que producen una cetoacidosis, lo cual es muy peligroso para la salud. Pero si tu organismo está sano, si tu cuerpo produce insulina, la cetosis te va a ir muy bien porque irá reduciendo las reservas grasas, reducirás inflamación, alimentarás mejor a tu cerebro, a tu estado anímico, a tu control del hambre... Eso sí, ten presente que, como todo, precisa de un entrenamiento que hay que ir poniendo en marcha poco a poco.

DESCANSAR Y CREAR TU PROPIA PROGRESIÓN

Durante el ayuno se elevan las hormonas del estrés. Es lógico que eso sea así. Hace miles de años, cuando éramos cazadores y recolectores, nuestras dos únicas preocupaciones eran no ser comidos y buscar comida. En estas dos situaciones nuestro cuerpo se ponía en situación de acción y generaba un conjunto de hormonas. Entre ellas, las llamadas catecolaminas (adrenalina, noradrenalina, dopamina) se encargaban de hacernos respirar de forma acelerada. Nuestro corazón también empezaba a latir más y más rápido. Así, se generaba la depleción del glucógeno para abastecer nuestros músculos de suficiente energía para la acción, nos subía la temperatura corporal, la tensión arterial se disparaba… Todo ello nos preparaba para responder con la lucha o, no menos digno, con la huida.

Cuando hacemos un ayuno, nuestro cuerpo se pone en alerta. El hambre activa dicha respuesta adaptativa y genera adrenalina y noradrenalina para buscar comida. Lógico, ¿verdad? Si en una situación de hambre nos diera igual y no reaccionáramos, no tendríamos la necesidad imperiosa de buscar comida. Esto sería contraproducente para la especie, y podría acarrear incluso la muerte. Sin embargo, este motivo también nos advierte de otro aspecto importante del ayuno intermitente: es necesario descansar para que nuestro cuerpo asimile todos los procesos realizados durante el ayuno. Es importante no excedernos en el ayuno y hacerlo de forma segura. Solo de esta forma pasará de ser una dieta tipo a un estilo de vida.

En las lecciones de historia, se suele recordar aquella frase atribuida a Napoleón: «Vísteme despacio que tengo prisa». Y es muy cierto que las ganas de avanzar, de correr, a menudo nos entorpecen y hace que vayamos más lentos. Por lo tanto, cada uno de los lectores debe saber escuchar a su cuerpo y adaptarse a su progresión personal. Cada uno debe escoger el ayuno que le vaya mejor. De todas formas, sigue los consejos del libro porque te pueden ayudar a orientarte.

EL AYUNO DE NUESTROS ANCESTROS

A los alumnos que vienen a la Academia Ayunízate (o que disfrutan de nuestros cursos *online*, por supuesto), me gusta hacerles una reflexión sobre nuestros ancestros. Uno de los prejuicios a los que nos enfrentamos cuando hacemos ayuno intermitente es el de que nuestro cuerpo no está preparado para pasar horas sin comer. En realidad, es todo lo contrario. Nuestros ancestros nunca habían comido cinco veces al día y, como especie, siempre hemos estado expuestos a fases de ayuno. Esto ha hecho que generaciones y generaciones de seres humanos se hayan adaptado a situaciones sin comida. Estos periodos, lejos de hacernos sufrir, pusieron en marcha los descansos metabólicos y digestivos, fundamentales para la regeneración del cuerpo. Además, hay otras culturas que practican regularmente el ayuno, como los musulmanes hacen durante el ramadán. Son formas en que la cultura y la religión ha protegido el cuerpo de manera intuitiva, solo por los beneficios en el estado de ánimo, adelantándose siglos a lo que el conocimiento científico está descubriendo ahora. Así que ya lo sabes: tu cuerpo viene con un programa instalado para hacer ayuno.

UN PASO MÁS ALLÁ. EL AYUNO PROLONGADO

Ahora que ya sabemos cómo se comporta nuestro cuerpo a partir de las horas de ayuno, y que ya hemos constatado que una dilación de esta ventana sin ingestas producirá un mayor impacto positivo en nuestro cuerpo, es el momento de plantearnos hacer un ayuno prolongado.

El ayuno prolongado profundiza en los beneficios del ayuno intermitente, de modo que acelera la consecución de los objetivos que nos hemos planteado. Por ejemplo, la sensación de bienestar o la disminución de peso. Si el ayuno intermitente nos acompaña en el día a día de nuestra vida, con el ayuno prolongado podemos poner una marcha más. Es como un turbo, que nos permite profundizar en los beneficios del ayuno que estamos experimentando.

Hay muchos alumnos a los que este ayuno les plantea dudas, porque todavía no han empezado con el ayuno intermitente o lo han hecho de manera muy superficial. Desde luego, una opción es empezar poco a poco, con el ayuno intermitente, y una vez nos sintamos cómodos con las sensaciones que tenemos, dar el salto al ayuno prolongado. Sin embargo, también es perfectamente posible hacer todo lo contrario. Podemos plantearnos el ayuno prolongado como una inmersión directa al ayuno, que nos permitirá luego pasar al ayuno intermitente de manera natural. En cualquier caso, no hay una opción mejor que la otra, sino que ambas son igualmente válidas. Solo hay dos cosas importantes. La primera es que elijas aquella con la que te sientas más identificado; la segunda, que lo hagas de manera organizada y siguiendo los pasos que vamos a ver en seguida.

Otro aspecto que hay que tener en cuenta a la hora de escoger entre uno y otro es el impacto mediático. Mucha gente que viene a mi Academia, tanto física como virtualmente, lo hace porque ha oído que es una práctica que lleva a cabo gente muy famosa. Estrellas de Hollywood como Jennifer Aniston, Hugh Jackman o Ben Affleck han dicho públicamente que lo practican, y han contado sus experiencias. Esto ha hecho que los beneficios de este ayuno hayan llegado a más gente, y parezca que es el método más eficaz. Pero lo cierto es que el ayuno prolongado es una herramienta que se ha usado durante miles de años, en otras religiones, y en otras ciencias de la salud. En Alemania, por ejemplo, hay cientos de centros que ofrecen programas de ayuno cubiertos por la Seguridad Social, así como hospitales que usan el ayuno con sus pacientes. Te aseguro que usar el ayuno prolongado es una manera de mejorar tu salud, y los resultados son espectaculares.

En los medios también se ha propagado el mito, falso, de que el ayuno prolongado es solo para una pequeña parte de la población. Hace muchos años que en nuestro centro organizamos retiros, y la gente hace ayunos de seis o diez días, dependiendo del programa. La primera vez que vienen los participantes hay un denominador común: el 90% nos dice que no saben si van a aguantar tantos días sin comer. «No sé cómo lo voy a hacer, no creo que pueda…» Una vez empiezan, notan las sensaciones positivas, y el 100% acaba el programa sin ningún tipo de problema ni complicación. Al contrario, nos dicen cómo puede ser que lleven tres días sin comer y noten esa vitalidad, ese entusiasmo, esas ganas de vivir y hacer cosas. «Me habéis despertado algo dentro de mí que desconocía.» Esto es muy común, porque es lo que hace el ayuno en tu cuerpo. Así que nada de que el ayuno prolongado solo es para una pequeña parte de la población. Es para todo aquel que se atreva a probarlo.

Esta es la gran diferencia del ayuno respecto a las dietas. El ayuno no es una dieta, porque las dietas son muy estrictas. Es algo muy intuitivo. Basta con escuchar nuestro cuerpo, sentirse, notar los beneficios, moldearse a las situaciones. Y eso lo haces por entrenamiento. Es una técnica de salud que puedes entrenar, y, cuanto más la domines, más fácil es y más hace por ti. Como cualquier otra cosa en la vida. Imagínate que quieres empezar a correr. Si tu objetivo son diez quilómetros, no lo harás el primer día, sino poco a poco. En el ayuno entrenamos nuestro cuerpo y nuestra fisiología.

IR AL FONDO DEL PROBLEMA

Una vez integras el ayuno en tu vida, conectas con un estilo de vida muy saludable, y a tu cuerpo le será mucho más fácil encaminarse hacia una alimentación sana. Además, si experimentas un ayuno prolongado, luego la práctica del ayuno intermitente día a día es mucho más fácil. Eso es muy importante para que tengamos estos tres compañeros de viaje: los ayunos intermitente y prolongado, y la alimentación saludable. De esta manera, será muy fácil llegar a nuestro objetivo: tener una vida llena de vitalidad con un cuerpo eficiente a la hora de absorber los nutrientes. Además, este estilo de vida nos alejará de una corriente que hoy en día tiene mucha fuerza, y que no es otra que el uso de fármacos para combatir el malestar. Esta solución química pone un parche al malestar, pero no lo soluciona. Es como si hay un incendio y suena la alarma, pero como a ti lo que te molesta es la alarma, y encima el fuego no lo ves, vas y apagas la alarma. Pero el fuego sigue existiendo, y la alarma vuelve a ponerse en marcha. Y, pam, la vuelves a apagar. Y así constantemente. ¿Qué pasa? El fuego se hace cada vez más grande y más fuerte, y se complica más.

Así que lo que planteamos con el estilo de vida del ayuno intermitente es apagar el fuego, y trabajar la raíz, sin poner parches. Vamos a poder ayudarte en pequeños desajustes de salud, como el insomnio, el sobrepeso, la diabetes, la fibromialgia, etc. Para personas con problemas más graves, el ayuno puede ser de gran ayuda, pero necesitan el acompañamiento de un médico para que puedan transitar por este camino de forma segura, ya que el doctor tendrá en cuenta esos detalles específicos.

ASPECTOS POSITIVOS DEL AYUNO PROLONGADO

El ayuno prolongado va un paso más allá en distintos aspectos positivos para nuestra salud (y que ponemos en marcha con el ayuno intermitente). En especial, me gusta destacar tres factores: la flexibilidad metabólica, la autofagia y la eliminación de toxinas. Los hemos desarrollado completamente cuando hemos hablado de los beneficios y las ventajas del ayuno, pero creo que vale la penar recordar en qué consiste cada uno de estos fenómenos. Así, tomamos consciencia de las ventajas de este modo de vida, reforzamos un poco más nuestro compromiso y reafirmamos nuestra transformación en mariposa.

FLEXIBILIDAD METABÓLICA

La flexibilidad metabólica es la capacidad del cuerpo de conseguir energía, ya que permite que nuestro cuerpo se alimente tanto de grasas, como de azúcares. En una alimentación excesiva y con muchos azúcares, el ayuno es fundamental para evitar la saturación de nuestro organismo. El cuerpo se ve obligado a consumir las grasas que almacenan sus células y, así, limpia nuestro organismo.

AUTOFAGIA

El cuerpo usa materias que son potencialmente dañinas para nuestra salud para reciclarlas y fabricar sustancias de buena calidad, y nos podemos aprovechar de ello. Cuando hacemos ayuno prolongado, la autofagia se acelera muchísimo. A las personas que quieren hacer un profundo ayuno la autofagia les resulta de gran ayuda.

ELIMINACIÓN DE TOXINAS

Los riñones, el intestino, la piel, los pulmones…, todos estos órganos expulsan toxinas del cuerpo. Cuando dejas descansar estos cuerpos, su función de expulsión de toxinas se acelera. Por eso, a veces, cuando haces un ayuno te salen granitos en la piel o tienes la boca espesa o mucho pipí… Es parte del proceso en que el cuerpo profundiza en la limpieza de toxinas y residuos.

UN ANTES Y UN DESPUÉS

Siempre me gusta escuchar las experiencias de nuestros alumnos. Al poder hacer un acompañamiento cercano, conozco de primera mano sus temores, y puedo ayudarles en las necesidades inmediatas. Además, descubro con placer que el ayuno es una experiencia transformadora. Las sensaciones que experimentan son tan potentes, que les cambia la vida. Esto es lo que me contó uno de los alumnos que participó en un retiro de la Academia Ayunízate.

«Había hecho un ayuno anteriormente, y tenía la experiencia de quedar en un estado mental y corporal bajo. Sin embargo, al seguir el método de Edgar, he descubierto que hay otra manera de practicar el ayuno. Ahora siento que mi cuerpo y mi mente son mucho más ágiles. Me siento hidratado por dentro, y mi mente ha hecho un clic. En un ayuno prolongado, además, haces un reseteo tanto corporal como mental, y te encuentras contigo mismo. Reflexionas sobre cómo te sentías, y te planteas cómo te quieres sentir a partir de ese momento. Marca un antes y un después. La pérdida de peso no es el objetivo, sino una consecuencia más. El objetivo es desintoxicar tu cuerpo, tu hígado, tu aparato digestivo… y cambiar cómo te quieres alimentar. Lo recomiendo al cien por cien.»

PASO 1. LA PREPARACIÓN PARA UN AYUNO PROLONGADO

La preparación es una parte esencial del camino. Con una buena preparación, la maquinaria que se pone en marcha con el ayuno es más eficaz, y en la preparación del ayuno prolongado hay que tener en cuenta el siguiente triángulo de la salud:

FÍSICA
ejercicio + descanso

MENTAL/EMOCIONAL
relax + estrés

NUTRICIONAL
preayuno

Con estos elementos, podremos hacer una entrada en el ayuno muy suave y amigable con nuestro cuerpo, evitando que se encuentre con un cambio muy radical.

1. FÍSICA

No debemos olvidar nunca a nuestro cuerpo, y lo ideal es que esté preparado para el ayuno. Para ello, es importante el ejercicio. Debemos mover nuestro cuerpo, y hacer algún tipo de ejercicio. No importa si preferimos el gimnasio, hacer pilates, yoga o si optamos por correr, ir en bicicleta o andar. Cualquier actividad que mueva nuestro cuerpo es positiva, porque movilizará las reservas y eliminará las toxinas.

El otro gran enemigo de nuestro cuerpo son las grasas animales, especialmente las de los animales criados por la industria en condiciones de insalubridad, ya que tienen más carga tóxica. Si acumulas grasa de este tipo de animales, acumulas mucha grasa tóxica. En el ayuno, extraes la carga tóxica de la grasa, porque la toxicidad que has ido almacenando (de lo que comes, del estrés, de la contaminación…) se acumula en el tejido graso. El ejercicio ayuda a esa movilización.

Igual que hay ejercicio, es importante que también haya descanso. Debe existir un equilibro entre los dos para que el cuerpo pueda reparar durante el descanso los tejidos que se han puesto en marcha durante el ejercicio. El sueño resulta clave para la regeneración, sobre todo porque se produce más hormona de crecimiento. También debemos ser conscientes de que, a veces, el sueño se altera durante el ayuno. Depende del desprendimiento tóxico del cuerpo. Si el cuerpo está muy cansado, te va a pedir más; si no tiene tantas toxinas y estamos descansados, el intestino necesita menos tiempo, y hace que el descanso sea más corto.

2. MENTAL/EMOCIONAL

Ha de haber un equilibrio entre el relax y el estrés. Si estamos estresados, produciremos hormonas del estrés, y los beneficios del ayuno van a tardar más en llegar. Es cierto que, al principio del ayuno, hay estrés fisiológico, por eso es importante acompañarlo de un trabajo de relax: respiraciones, meditaciones, tiempo de desconexión… Así calmaremos nuestro sistema nervioso y nuestras hormonas del estrés estarán más controladas.

En un ayuno la parte mental es clave. Si tu mente entiende la importancia de empapar toda la formación, también entenderá los motivos por lo que lo haces. Cuando tu mente está alineada con tus acciones, la sensación es que no hay freno. Tanto en mis ayunos personales como en los de personas con las que he ido trabajando, he podido comparar los beneficios de una persona mentalizada con los de otra que no, y la diferencia salta a la vista. Esto se debe al estrés que genera no estar mentalizado. Al final, estás retirando la alimentación a tu cuerpo y, si tu mente no lo entiende, tu mente te va a sabotear. Te va a enviar constantemente un montón de señales de rechazo. De ahí las críticas que el ayuno recibe en muchos sectores. Se olvidan de que la persona que lo hace, lo hace de manera voluntaria, honesta, y porque le apetece, y sabe qué hace su cuerpo.

3. NUTRICIONAL

Hay que tener en cuenta la parte nutricional, donde es clave el preayuno. Cuando nos acercamos a la realización del ayuno es importante que vayamos retirando alimentos procesados (eso siempre), pero también de origen animal. Del mismo modo, es importante moderar las cantidades de comida y pasar a una alimentación más vegetal. El último día o los últimos dos días, la alimentación debe ser muy vegana, hasta el primer día de ayuno. Esa sería la fase de preayuno. Así, el sistema digestivo y metabólico se van adaptando a esa nueva entrada de alimentos, y ponen en marcha los procesos que en el ayuno se van a naturalizar.

PROFUNDIZA EN LA EXPERIENCIA

No te olvides que esta experiencia te puede ayudar a aprender. Mientras la estás haciendo, y una vez la has terminado, encuentra ratos para escuchar a tu cuerpo, y comparar las sensaciones que transmite cuando has comido de más o no tienes mucha energía. Pero no te quedes ahí, y atrévete a ir un paso más allá. ¿Cómo estás emocionalmente? Aprovecha para escuchar, comparar y, sobre todo, para disfrutar de la experiencia. ¡Qué bien me encuentro cuando hago el ayuno!

Muchas personas lo agradecen, como Adela. «Llevo un mes haciendo el ayuno. Gracias, gracias y gracias. Llevo años peleándome con mi peso y alimentación. Me habéis abierto un mundo de soluciones. Vuestro sistema es eficaz y motivador. Así que doy gracias por el regalo de haberos conocido y de haber recibido todas vuestras enseñanzas. Ahora tengo herramientas muy potentes para hacerlo bien.»

PASO 2. ESTRUCTURA

Hay muchas estructuras, pero las más frecuentes son las de 36 horas, la de tres días y la de seis días.

36 HORAS

Este ayuno consiste en estar un día entero, con la consiguiente noche, sin ingerir ningún alimento. Si empiezas, por ejemplo, hoy a las 20.00 h, sigues sin comer durante todo el día de mañana, y no haces la ingesta hasta pasado mañana, a las 8.00 de la mañana. Si te animas, puedes alargar un poco el ayuno hasta las 40 horas, y no comer nada hasta el mediodía de pasado mañana.

TRES DÍAS

Este es un ayuno prolongado que usamos con frecuencia en retiros, tanto presenciales como *online*. En este caso, nos estructuramos el día de manera muy pautada, y nos dejamos llevar por el día a día.

8.00 h - Ejercicio
9.00 h - Café
13.00 h - Zumo
15.00 h - Infusión
17.00 h - Zumo
20.00 h - Caldo

Y siempre, siempre, teniendo en cuenta estos ítems:

- Hidratación
- Trabajo
- Ocio
- Descansos
- Meditación

SEIS DÍAS

Esta misma estructura se puede alargar hasta los seis días. Si estás interesado en ayunos más prolongados, puedes hacerlo, pero, en este caso, es recomendable buscar a alguien que te pueda hacer de guía o de tutor.

PASO 3. ¿Y DESPUÉS?

A la hora de salir del ayuno es muy importante atender a la nutrición. Es casi más fundamental que en el preayuno. Debes tener en cuenta que, al hacer el ayuno, se produce una gran cantidad de cambios en tu cuerpo, tanto a nivel de eliminación de toxinas como otros, y hay que respetarlo. Así que ahora que vamos a salir del ayuno, vamos a hacerlo con cariño, cuidando el cuerpo. Para ello, hay que seguir las siguientes tres fases.

FASE 1

Vamos a comer fundamentalmente vegetales, y solo una pequeña cantidad de grasas. Así, nuestra dieta consistirá en ensaladas, frutas, cremas de verduras… Y, en cuanto a grasas, estamos pensando en aguacate, frutos secos, semillas, aceite… También es muy importante recordar que no puedes hacer más de dos comidas al día.

En un ayuno de 36 horas, esta fase se debe alargar solo un día. Si has hecho un ayuno más largo, debe durar dos días.

FASE 2

En esta fase a los vegetales les vamos a añadir hidrato de carbono vegetal, como legumbre, pan de buena calidad, arroz integral, patata, quinoa, avena… Debemos hacer dos ingestas al día.

Esta fase se debe alargar lo mismo que la fase 1: un día o dos, dependiendo del ayuno que hayas hecho.

FASE 3 (O DE ESTABILIDAD)

En esta ocasión empezamos una alimentación que ya nos acompañará el resto de nuestra vida. Igual que en el ayuno intermitente, debemos comer vegetales, grasas, hidratos de carbono y proteína animal y vegetal. Debemos hacer dos ingestas al día y, según como, un *snack* con doce horas de ayuno como mínimo.

¿CUÁNTAS VECES PUEDO HACER UN AYUNO PROLONGADO AL AÑO?

Depende de cómo esté tu salud, de cuáles sean tus objetivos, de la necesidad de mejorar tu biología... Puedes hacer diferentes ciclos, en función de cómo se combinen estos factores. Una persona que esté en un estado saludable, con flexibilidad metabólica, que practica el ayuno intermitente, etc., puede hacer un ayuno prolongado dos o tres veces al año, y conseguirá un nivel de salud espectacular. Por otra parte, una persona con ciertos problemas de salud o con sobrepeso puede encontrar en el ayuno prolongado una manera de restablecer sus funciones corporales. Seguro que su cuerpo se lo agradecerá muchísimo.

7

FAQS. ¿TIENES ALGUNA DUDA?

INTRODUCCIÓN

¿Recuerdas que al principio hablamos de que íbamos a hacer un viaje que nos llevaría de nuestro estado inicial a nuestro estado deseado? Pues bien, estamos llegando al final del camino. Y ese viaje lo hemos hecho con un vehículo muy especial, el método del ayuno intermitente. Si has podido realizar este viaje de forma eficaz y eficiente, ¡enhorabuena! Pero, si durante este trayecto has notado alguna interferencia, las turbulencias de las que os alertaba, quiero que en este último apartado las disuelvas definitivamente.

Ha llegado la hora de despejar todas las dudas e incógnitas que te queden para que tu viaje sea completo y todo un éxito. Estas son algunas de las dudas con las que me encuentro más a menudo; seguro que algunas de estas preguntas también te las has podido formular tú mismo.

¿PERDERÉ MÚSCULO DURANTE EL AYUNO INTERMITENTE?

Puedes estar tranquilo. No vas a perder más masa muscular de la que perderías con el simple día a día o con otras formas de alimentación. De hecho, los últimos estudios refieren que parámetros o controladores como el nitrógeno y la leucina, que se encargan de saber si hay suficiente destrucción a nivel muscular, no aparecen en grandes cantidades con el ayuno intermitente.

Así que puedes estar tranquilo, porque no vas a tener esa degradación muscular. ¡Al contrario! El cuerpo va a ser mucho más preciso a la hora de usar energía a través de las grasas. Incluso se ha comprobado que en ayunos prolongados de más de dos o tres días todo esto tampoco ocurre.

Es más, de hecho el ayuno promueve la producción de GH, la hormona de crecimiento, la cual tiene la función de preservar la masa muscular.

¿DEBO HACER EJERCICIO FÍSICO CON EL AYUNO INTERMITENTE?

Es muy aconsejable practicar ejercicio físico durante el ayuno intermitente. Al final, la actividad física no deja de ser un acelerador de los procesos internos de nuestro organismo. Así pues, si a la actividad física le sumo el ayuno intermitente los beneficios que voy a obtener van a ser superiores. Ahora bien, si no estás muy familiarizado con el ejercicio físico y no sabes cómo incorporarlo en tu día a día, te voy a dar un pequeño consejo para que puedas ir empezando poco a poco.

Si estás poco familiarizado con la actividad física, tienes que pensar que el ejercicio físico que más te conviene es el que tenga que ver con el oxígeno, es decir, los ejercicios aeróbicos: andar, ir en bicicleta, nadar... Se trata de actividades que puedes estar haciendo durante mucho tiempo pero a baja intensidad. Si tienes en cuenta esto, todo va a ser mucho más fácil. Por ejemplo, cada día puedes andar o nadar durante treinta minutos. Y más adelante puedes ir aumentando la cantidad de tiempo que le dediques. Y es que cuando realizas estos ejercicios aeróbicos lo que haces es, mediante nutrientes como las grasas, suministrar energía a cada uno de tus músculos. Es decir, que coges una parte de esos triglicéridos, esas moléculas de grasa que tienes almacenadas en la periferia, y las usas para generar energía. Esto te permite acelerar el proceso de tu propio organismo.

Ahora bien, si tu situación no es esta y ya haces ejercicio de forma habitual, entonces igualmente puedes realizar ejercicios aeróbicos, claro está, pero también podrás empezar a introducir otro tipo de ejercicios que son más bien anaeróbicos, es decir, de fuerza, de intensidad, con lo cual, a diferencia de los aeróbicos, serán de alta intensidad y de poco tiempo. Si tienes en cuenta esto, y sabiendo que el ejercicio aeróbico está más indicado en los ayunos intermitentes, podrás ir introduciendo este otro trabajo de fuerza o potencia. Una manera muy fácil de hacerlo es aumentando la velocidad al andar y ponernos a correr o bien caminar cuesta arriba (y no solo en terrenos llanos).

Encuentra cuál es tu forma de realizar ejercicio en función de lo adaptado que estés a él. Y practícalo, porque va a ser un gran potenciador de tu ayuno intermitente.

¿PUEDO REALIZAR UN AYUNO INTERMITENTE CADA DÍA?

No hay ningún problema, ya que el ayuno es una opción en la que nuestro cuerpo se siente identificado completamente. Si pudiésemos retroceder 10.000 años, veríamos que ya teníamos la capacidad de poder no comer cada día y, sin embargo, generar una serie de genes que trabajaban para intentar abastecer el cuerpo mediante la energía que teníamos acumulada en nuestro interior. En la actualidad esto no pasa tanto y esos genes están como aletargados; lo único que hacemos, pues, con el ayuno intermitente es intentar generar que esos genes más abandonados empiecen a despertar y funcionar. También es verdad que deberás ser flexible e ir pensando cómo realizarlo poco a poco, es decir, que tienes que ir adaptando tu cuerpo a esa nueva cotidianidad alimenticia. Si llevas, por decir algo, cuarenta años comiendo de una determinada forma —comiendo de 3 a 5 veces al día, picoteando a todas horas—, lo que no puedes hacer es empezar a hacer ayuno intermitente todos los días. Necesitas una pequeña planificación y la capacidad de sentir lo que el ayuno está gestionando dentro de tu cuerpo. Ir poco a poco es la mejor forma de adaptar esos genes que han estado olvidados durante mucho tiempo y que tienen que empezar a trabajar para intentar buscar como fuente de energía esas grasas que tenemos acumuladas en el cuerpo.

Así que mi recomendación es que al principio no te excedas y que vayas viendo cómo evolucionas para ir midiendo bien cuántos días vas a realizar el ayuno intermitente y cuántos no. Con el tiempo irás encontrándote más cómodo con la técnica y el método, notarás cada vez más energía, que tienes menos hinchazones abdominales, que te levantas con mayor euforia y que no te cuesta realizar los quehaceres del día a día; y todo esto lo estarás consiguiendo porque estarás integrando dentro de tu estilo de vida el ayuno intermitente que practicas.

¿PUEDO TRABAJAR CUANDO HAGO EL AYUNO?

Sí, sin duda. Debes poder aunar o gestionar tu trabajo con el ayuno intermitente porque, en definitiva, lo que pretende esta técnica es entrar dentro de tu propio estilo de vida. Y uno de los quehaceres más importantes de tu vida es el trabajo.

Sabemos que existen muchos tipos de trabajos distintos que, a grandes rasgos, podríamos dividir en dos: trabajos mentales y trabajos físicos. Tanto unos como otros se ven beneficiados por la práctica del ayuno intermitente. Si mi trabajo es más mental, y a esto me refiero a que necesito una capacidad de concentración superior porque, por ejemplo, debo coordinar un equipo en el que todo el mundo debe hacer bien su trabajo para lograr mis objetivos, entonces preciso mucha energía en mi sistema nervioso central, en mi cerebro, con lo cual mi sistema digestivo no puede estar trabajando a la vez que yo estoy intentando generar todas esas estrategias.

Me vas a entender perfectamente si te propongo esta situación: imagina que acabas de comer copiosamente y que tienes una reunión justo después, a las 15.00 h; sabes que no vas a rendir al máximo, porque tu sangre va a estar en el sistema digestivo, con lo cual tu sistema nervioso central no acabará de funcionar con toda la energía necesaria porque una gran parte la estarás empleando para digerir. Te aconsejo, por tanto, que puedas llegar a las situaciones de más demanda energética mental en ayuno, con la barriga vacía.

Por otro lado, si tu trabajo es más bien físico, es decir, que tienes que andar de un sitio al otro durante todo el día, o bien tienes que generar fuerza para mover objetos, entonces tendrás que tener en cuenta que necesitarás una energía superior. El ayuno intermitente te va a permitir coger esa energía de tus depósitos energéticos, de las reservas de glucógeno, por ejemplo, o de grasa. Por tanto, no te preocupes, que incluso sin haber comido vas a poder satisfacer las demandas físicas que puedas tener. Dicho esto, lo que debes tener en cuenta es que en la ventana de alimentación tendrás que tomar esos alimentos aconsejables que ya conoces y ponerlos en mayor cantidad. Imagina que estás haciendo un ayuno 16/8: durante esa ventana de ocho horas vas a tener que comer un poquito más porque la demanda será mayor.

¿PUEDO TOMAR MEDICACIÓN O SUPLEMENTOS DURANTE EL AYUNO?

Si estás tomando algún tipo de medicación o suplemento porque está prescrita por tu terapeuta o tu médico, será totalmente necesario que lo consultes con ellos. Quiero, ante todo, que esta introducción al mundo del ayuno sea segura para ti; así que consúltalo con tu médico para generar un ambiente de seguridad y tranquilidad y confirmar que puedes introducir el ayuno intermitente en tu rutina diaria sin ningún tipo de problema. Ya verás cómo, a lo sumo, a veces solo se trata de reajustar las dosis o el tipo de medicación para empezar a realizar el ayuno intermitente.

¿EL AYUNO INTERMITENTE ALTERA MIS DEPOSICIONES?

Para poder generar la motilidad intestinal necesitamos comer; así, como en un ayuno intermitente tenemos una fase en la que no estamos comiendo, entonces es normal que nuestra motilidad intestinal (el movimiento de nuestras vísceras) sea menor. En definitiva, es normal que si cambias tu alimentación o tu régimen alimentario también se vean alteradas tus deposiciones. Por lo tanto, puedes llegar a notar un cierto estreñimiento cuando realices ayuno intermitente. Si este es tu caso, te voy a dar una estrategia para poder ir de vientre.

Nuestro cuerpo tiene un mineral, el magnesio, que lo usa para infinidad de funciones: para el sistema muscular, para el hígado, etc., y también para que las deposiciones sean más blandas. Y ¿cómo funciona? Es muy sencillo. Cuando el cuerpo ha absorbido ya el magnesio suficiente, lo que hace este es acumularse en nuestros intestinos; de este modo la materia fecal va avanzando a través del tubo digestivo. Tenemos siete metros de intestinos y no es fácil evacuar. Vamos a ver, pues, cuál va a ser nuestra estrategia: deberás hacer tres suplementaciones al día de magnesio. Pon en un vaso dos o tres dedos de agua y disuelves en él una cucharadita de magnesio (para este fin utiliza carbonato de magnesio); tómatelo tres veces al día y unas dos o tres veces a la semana. En principio, con esta estrategia deberías generar deposiciones más rápidas y no tendrías que esperar más de dos o tres días para ir al baño. Seguramente así solucionarás todos los problemas de estreñimiento o deposiciones duras.

¿PUEDO BEBER ALCOHOL?

El alcohol no va a ser una bebida que integremos en el ayuno intermitente. ¿Por qué? Pues porque muchas de esas bebidas alcohólicas tienen azúcares y lo que buscamos con nuestro método es intentar ser más flexibles metabólicamente para poder generar energía en nuestro organismo a través de las grasas, es decir, que si pusiéramos alcohol durante la ventana de ingesta, seríamos menos flexibles y menos eficientes en la obtención de energía a través de las grasas. Además, si practicamos el ayuno intermitente es para poder generar una depuración de nuestro organismo, especialmente de nuestro hígado, así que no tendría sentido tomar alcohol u otros tipos de alimentos que perturbaran esta vía depurativa de nuestro hígado. Esto no quita que en función de la planificación que hayas escogido para tu rutina habitual puedas llegar a tomarte alguna copa de vino o una cerveza de forma puntual; si te vas a cenar con unos amigos, por ejemplo. Al fin y al cabo se trata de integrar, como parte fundamental, el ayuno en tu estilo de vida, sin que ello quiera decir que debamos volvernos excesivamente restrictivos. Sé flexible y ve observando cómo tu cuerpo va evolucionando.

EDGAR RESPONDE... ¡DE TÚ A TÚ!

¿QUÉ TIPO DE SNACKS PUEDO COMER DURANTE EL EJERCICIO FÍSICO CONTINUADO?

Puedes tomar como *snack* fruta (en pequeña proporción y optando por aquellas de menor índice glucémico, como las frutas rojas, la manzana, el plátano poco maduro, la piña...), vegetales, frutos secos o yogur, en caso de que desees incluir lácteos en tu dieta. Se tiende a recomendar el plátano durante el ejercicio físico porque es una buena fuente de vitaminas y minerales (potasio, magnesio...), los cuales se pierden a través del sudor mientras hacemos ejercicio. También podemos tomar como ingesta post entreno los batidos de proteínas, tan comunes entre los deportistas, siempre y cuando sean bajos en hidratos de carbono.

¿LA GLUTAMINA SACA DEL AYUNO?

Sí, mejor tomarla en la fase de ingesta.

¿Y LA CÚRCUMA Y EL JENGIBRE EN POLVO?

No, se pueden tomar sin problema.

¿PUEDO INCLUIR UN COMPLEJO VITAMÍNICO CON MINERALES Y COENZIMA Q10 AL ROMPER EL AYUNO EN LA PRIMERA INGESTA? TAMBIÉN ME GUSTA BEBER AGUA DE COCO, ¿LA PUEDO INCLUIR EN LA VENTANA DE AYUNO?

Puedes tomar esos suplementos al comenzar con la ventana de ingesta, sin problemas. En cuanto al agua de coco, no hay inconveniente en que bebas un poco en fase de ayuno.

¿SE PUEDE ESTABLECER EL AYUNO INTERMITENTE COMO UN HÁBITO PARA SIEMPRE?

Desde luego. El ayuno intermitente es un estilo de vida, por lo que puedes incorporarlo en tu rutina de la manera que mejor se ajuste a tus necesidades, bien sea el patrón 12/12 o una ventana de ayuno superior.

¿PUEDO TOMAR LÁCTEOS?

Te recomiendo que no consumas lácteos; no obstante, si quieres seguir tomándolos, los puedes incluir en el menú como parte de la porción de proteínas (y también de grasas, en el caso de quesos) de alguna de las ingestas. Por ejemplo, puedes consumir en el desayuno un yogur con una pequeña porción de fruta, o un par de cucharadas de algún cereal, o un puñado de frutos secos... También te servirá como *snack* si decides hacer dos comidas principales y una tercera más ligera.

¿PUEDO TOMAR CAFÉ SOLUBLE DESCAFEINADO?

Sí, pero sin abusar.

¿PUEDO COCINAR CON SAL?

La idea sería no añadir apenas sal a la comida o hacerlo en una cantidad muy pequeña. Vale la pena probar con ingredientes que ya llevan alto contenido en sales, como las algas. Puedes cocinar con ellas o añadirlas en ensaladas, cremas, guisos.... Otra opción es usar especias o plantas aromáticas (menta, albahaca, orégano....) para dar un toque diferente al sabor de nuestros platos o incluso añadir un poco de agua de mar como ingrediente para cocinar.

¿CÓMO DEBO CONTAR LAS HORAS: CUANDO EMPIEZO A COMER O CUANDO TERMINO?

Para hacerlo fácil, debes contar las horas en las que te pones a comer. Por ejemplo, si nos sentamos a cenar a las 21.00 h, esa será la hora a partir de la que tendremos que contar 12, 14, 16 o 18 horas para saber cuándo podremos volver a comer.

¿PUEDO TOMAR TRES INGESTAS CON EL PLAN 16/8?

A veces, para adaptarnos al cambio del 14/10 al 16/8 es aconsejable mantener las tres ingestas al día. Te recomiendo que dos de ellas sean principales, con variedad de nutrientes, y una tercera en forma de *snack*, que puede ser un puñado de frutos secos o una pequeña porción de fruta, vegetales o proteínas (una loncha de pavo o salmón, por ejemplo).

ANTES DE DORMIR TOMO MELATONINA Y A VECES UNA CÁPSULA DE VALERIANA Y PASIFLORA. ¿ESTO ROMPERÍA EL AYUNO?

Siempre recomendamos que los suplementos se consuman en ventana de ingesta, pero en este caso, debido a que su finalidad es la mejora del sueño, no hay inconveniente en que los tomes en ventana de ayuno. Otra buena opción es tomar citrato de magnesio, pues este mineral favorece la relajación muscular.

¿QUÉ TIPO DE ALIMENTOS QUE NO ROMPAN EL AYUNO ME PODRÍA TOMAR CUANDO ME BAJA EN EXCESO LA TENSIÓN?

El agua de mar embotellada es una muy buena opción. Igualmente, intenta no hacer movimientos bruscos, cambios ortostáticos repentinos y llevar una vida lo más tranquila posible.

LLEVO UNAS SEMANAS CON EL AYUNO Y, A PESAR DE QUE TOMO MUCHA MÁS VERDURA Y AGUA, VOY MUY ESTREÑIDA. ¿QUÉ PUEDO HACER?

Aunque parezca mentira, a veces aumentar el consumo de fibra puede generar problemas de estreñimiento, hasta que el cuerpo se adapte al cambio, pues la microbiota necesita tener enzimas adecuadas para poder hacer la digestión. Te recomiendo tomar magnesio durante un tiempo, por ejemplo un mes, y observar los cambios en el tránsito intestinal. También es buena opción consumir, un cuarto de hora antes de las ingestas, una cucharada de semillas de lino o chía o psyllium disueltas en agua.

¿QUÉ TIPO DE MAGNESIO DEBO TOMAR PARA EL ESTREÑIMIENTO?

Debido a la alta capacidad de absorción que tiene te recomiendo el cloruro de magnesio. Se puede adquirir en herbolarios, tiendas de dietética, farmacias u *online*. La posología estará indicada por el propio fabricante en la etiqueta del producto.

TENGO CALAMBRES. ¿PUEDO TOMAR ALGO PARA SOLUCIONARLO?

El carbonato de magnesio tiene propiedades que favorecen la relajación del sistema nervioso, por lo que, además de servir para el estreñimiento, también es una buena opción cuando hay calambres musculares. No obstante, te recomiendo tomar cloruro de magnesio, pues los iones de cloruro ayudan a asegurar la conducción adecuada de los impulsos dentro del sistema nervioso, trabajando junto con potasio, sodio, calcio, fosfato y magnesio para asegurar una contracción muscular adecuada.

HE PASADO AL AYUNO 16/8 Y ME HE IDO ENCONTRANDO BIEN, PERO HACE UN PAR DE DÍAS QUE ME NOTO EL ABDOMEN HINCHADO, ME DAN CÓLICOS Y ME CUESTA EXPULSAR GASES. ¿QUÉ PUEDO HACER?

Quizás tengas algún tipo de intolerancia alimentaria, o quizás estrés. Vuelve al 12/12, tómatelo con calma y no quieras correr. Estate una semana con el 12/12 y luego la siguiente haz el 14/10.

Paralelamente, fuera de las comidas bebe infusión de menta, manzanilla, tomillo, limón y jengibre.

QUIERO CONTINUAR CON EL AYUNO Y CON MI ACTIVIDAD DEPORTIVA, PERO ESTOY BAJANDO MÁS PESO DEL QUE DESEARÍA. ¿QUÉ PUEDO HACER PARA SEGUIR CON EL AYUNO SIN PERDER PESO?

Te recomiendo que aumentes la cantidad de kilocalorías que componen tu dieta, pues a buen seguro estás consumiendo menos de las que estás gastando con la actividad deportiva. Introduce en tu menú diario un mayor porcentaje de carbohidratos, proteínas de calidad (1,5-1,8 g/kg de peso) y grasas en forma de cereales integrales (quinoa, mijo, arroz...), legumbres, pescado azul, frutos secos y semillas para que no pierdas masa muscular y obtengas un mayor aporte de energía.

¿CUÁNTO TIEMPO DEBERÍA DEDICAR AL EJERCICIO DIARIO PARA QUE LOS BENEFICIOS DEL AYUNO INTERMITENTE SEAN MAYORES?

Mi recomendación es que, si puedes, cada día inviertas un mínimo de treinta minutos al ejercicio físico, pues el movimiento es fundamental para nuestro organismo. Si quieres optimizar resultados, una buena opción es introducir cambios de intensidad en el entrenamiento e incluir también ejercicios de fuerza, que potenciarán la renovación celular y el crecimiento y mantenimiento de la masa muscular, entre otros beneficios.

¿CUÁLES SON LOS MEJORES HORARIOS PARA HACER EJERCICIO FÍSICO?

El horario es mejor que lo decidas tú en función de los momentos del día en que te sientes con mayor energía y motivación.

Cada persona es un mundo, no existen patrones fijos, hay quien se siente mejor haciendo ejercicio a primera hora de la mañana y quien prefiere por la tarde-noche porque le ayuda a conciliar el sueño. Pequeños pasos y constantes, ahí está la clave del progreso.

¿EN QUÉ VENTANA ES MEJOR HACER EJERCICIO, EN LA DE AYUNO O EN LA DE INGESTA?

Si es andar, correr o ir en bicicleta de forma relajada (ejercicios cardiovasculares), te diría que lo incluyeras en la fase de ayuno. Si por lo contrario son ejercicios de más intensidad, estarían más indicados en la fase de ingesta. Te recomiendo, en cualquier caso, que vayas alternando los entrenos: un día de cardio y otro de fuerza, y así consecutivamente.

SOY TRIATLETA Y PRACTICO DEPORTE DE MANERA INTENSA. ¿PODRÍA HACER AYUNO INTERMITENTE?

Sí que es posible combinar el ejercicio intenso con ayuno intermitente, siempre prestando atención a la ingestas, que sean altas en nutrientes y ajustadas en kilocalorías a los objetivos.

SI SALGO UN DÍA A TOMAR UNA COPA CON MIS AMIGOS, ¿QUÉ ES MEJOR TOMAR: UNA COPITA DE VINO O UNA CERVEZA?

Puestos a elegir, te recomendaría vino, pues evitarás la fermentación de la cerveza; además, el tinto contiene resveratrol, una sustancia antioxidante que puede ayudar a prevenir determinadas enfermedades. ¡Pero que no sirva de precedente, que el alcohol no está recomendado!

¿LA CERVEZA SIN ALCOHOL, LLEVA AZÚCAR?

Pues sí, aproximadamente unos 8 g en cada botella de 33 cl.

¿PUEDO ENDULZAR MIS INFUSIONES CON ESTEVIA EN HOJA?

Por supuesto que sí, ¡es una gran opción!

AL CABO DE UN RATO DE HABER COMIDO ME ENTRA UN HAMBRE VORAZ; TENGO MUCHAS GANAS DE COMER GALLETAS O MADALENAS. ¿HAY ALGUNA FORMA DE QUEDAR MÁS SACIADO?

Incluye en tus ingestas más fibra (en forma de vegetales) o tomando un vaso de agua con una cucharada de semillas de chía o lino unos quince minutos antes de las comidas, esto promoverá la saciedad. Por otro lado, el control mental es clave, pues el organismo se está adaptando a los cambios y te pedirá todas aquellas comidas que más te gustan, especialmente el dulce.

¿DESPUÉS DE HACER UN AYUNO DE 24 O 36 HORAS HAY QUE HACER UN POSTAYUNO O SE COME NORMAL?

Lo mejor es que tras un periodo largo de ayuno optes por comidas ligeras, abundantes en vegetales y proteína de calidad.

¿A PARTIR DE CUÁNTAS HORAS EMPEZAMOS A ENTRAR EN AUTOFAGIA?

La autofagia es un concepto que se produce constantemente en el cuerpo. Los macrófagos eliminan sustancias corporales todo el tiempo, pero es cierto que cuanto mayor es el tiempo de espera, mayor es su acción.

¿PUEDO COMER FRUTA DE POSTRES?

Puedes incluir la fruta en cualquiera de las ingestas, aunque es recomendable que lo hagas en el desayuno o media hora antes del plato principal, para evitar sobrecargar el estómago. Ten en cuenta que no es recomendable abusar, pues generalmente contienen bastante azúcar. Opta por una ración de 150-200 g (un bol, 1 pieza mediana o 2 piezas pequeñas).

¿PUEDO TOMAR QUESO FRESCO DE CABRA?

Aunque recomiendo reducir el consumo de lácteos y derivados, la opción de tomar queso fresco de cabra es buena. Si solo tienes acceso a leche de vaca, puedes elaborar con ella el kéfir, pero procura no abusar, ¿de acuerdo? Generalmente recomendamos reducir el consumo de leche de vaca y optar por leches ecológicas, que nos aporten garantías de producción respetuosa con los animales; las de cabra u oveja suelen estar menos «industrializadas».

OTROS TÍTULOS DE INTERÉS

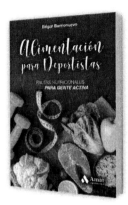

Alimentación para deportistas

Edgar Barrionuevo

ISBN: **9788418114311**

Págs: **192**

En esta guía práctica entrenadores, dietistas y deportistas de todos los niveles encontrarán respuesta a todas sus dudas sobre alimentación, necesidades nutricionales, suplementos, hidratación, aumento y pérdida de peso, etc., así como deliciosas recetas que podrán incorporar a sus planes nutricionales. ¡Alcanza tu mejor marca mientras disfrutas de una alimentación sana y natural!

Cuida tus hormonas

Edgar Barrionuevo - David Moreno

ISBN: **9788497359894**

Págs: **224**

Descubre los secretos de las hormonas y transforma tu vida. ¿Por qué nos sentimos hambrientos al caer la tarde, padecemos episodios de insomnio o algunos días nos cuesta mantener la concentración? La respuesta está en unas sustancias llamadas «hormonas», producidas por las glándulas endocrinas y tan influyentes en el organismo que determinan hasta el color de ojos que tendremos al nacer.

www.amateditorial.com